プロ野球オーナーたちの日米開戦

山際康之
Yasuyuki Yamagiwa

文藝春秋

プロ野球オーナーたちの日米開戦

目次

5章　日米開戦

はじめに

有馬頼寧《よりやす》という名前を聞いて、その経歴や素性について詳しく知る人は、そう多くはないはずである。だが競馬の「有馬記念」となれば、誰もが一度は耳にしたことがあるだろう。彼は戦前に農林大臣を務め、セネタースというプロ野球チームのオーナーでもあった。

昭和一二年七月、中国の北平（北京）郊外の盧溝橋で突如、中国との戦闘がはじまった。そのわずか一カ月ほど前に発足したばかりの近衛文麿内閣がすぐさま派兵を決定すると、戦火はまたたく間に広がっていった。閣僚のひとりである有馬は隣国との戦争を懸念しつつも異を唱えることはなかった。

戦《いくさ》が本格的になると読売新聞社の正力松太郎は購読者を増やすにはもってこいと、連日、勇ましい記事を報道していった。人々がいつのまにか新聞報道に吸い寄せられ戦争を支持していくと、若者たちは次々と出征していった。正力もプロ野球チーム巨人軍のオーナーであったが、皮肉なことに、出征兵士のなかには巨人軍の沢村栄治やセネタースの野口明といったプロ野球選手たちもいた。

近衛内閣が、「国民政府を対手《あいて》とせず」との声明により自ら和平の道を閉ざすと、さらに戦闘は拡大した。一度はじまってしまった戦争を止めるのは容易なことではない。陸軍が主導するなか、もはや阻止することはできないと近衛は内閣を総辞職してしまった。一方、大陸に送り込まれた兵士たちは殺すか殺されるかの戦場に直面した。徐州や武漢攻略に参加した沢村も例外ではなかった。人を傷つけ自らも心身ともに傷ついた。そして帰還したときには、もはや速球を投げ込んでいた以前の彼ではなかった。

　収束しない戦争から政治は混乱し、昭和一五年七月、近衛は再び政権の座に就いた。新たな内閣には陸軍大臣の東條英機らに交じって、商工大臣に任命された阪急電鉄の小林一三《いちぞう》の顔もあった。彼もまたプロ野球、阪急軍のオーナーである。さらには近衛が目指す国民主体の新体制運動を実現するために大政翼賛会が発足すると有馬が事務総長となり、正力が総務を担うことになった。くしくもセネタースの有馬、巨人軍の正力、阪急軍の小林といったプロ野球のオーナーたちは日本の命運を決定する立場になったのである。

　新体制運動の推進が叫ばれるようになると、日本野球連盟の球団の理事たちは、なにもしないわけにはいかないと頭をかかえた。政府の方針すら決まっておらず、誰もがその正確な意味を理解していない。焦る連盟理事会は前のめりになっていき、行き着いた先の結論は、とんでもない方策だった⁉

　日独伊三国同盟の締結により日米の関係が悪化の一途をたどりはじめると、またしても近衛は内閣を投げ出してしまい、事態は日米開戦へとすすみはじめる。そのとき有馬は……日本の運命はどうなるのか。そして日本野球連盟が下した決断は正しかったのか。

　本書は、近衛内閣の誕生、そしてこの政権が背負った日中戦争から日米開戦までの時代を舞台に、政治の中心にいた球団経営者と戦争に翻弄されるプロ野球選手たちの姿を描いたノンフィクション作品である。
　話は昭和史の要となる政治家や軍人らとともに、巨人軍の沢村栄治やセネタースの苅田久徳、野口明、二郎といった名選手たちが登場しながらすすむ。さらに、戦前のプロ野球の逸話や幻の映画フイルム「野球の妙技」など、新たに発掘された資料に基づいて展開していく。職業野球とよばれた戦争の時代において、苦悩しながらもプレーを続けた選手たちの姿を知っていただければさいわいである。

山際康之

注記
○カッコ内の引用文は、旧漢字から新漢字などへ変更しているものがある。また、読みやすさや表現方法を考慮し、句読点の有無、ひらがな、漢字などを変更しているものがある。
○登場する人物の名前は、旧漢字から新漢字などへ変更しているものがある。
例えば、日本職業野球連盟への選手登録時名の「澤村榮治」は、「沢村栄治」としている。

1章　内閣誕生

提灯行列

新しい社会への期待だろう。夜にもかかわらず外は提灯を手にした行列で賑わっていた。祝いの挨拶に訪れる客が絶えない家の主人は有馬頼寧である。昭和一二年六月四日、国民からの支持を背景に近衛文磨内閣が誕生した。この日の午後、参内した有馬は農林大臣に任命されたばかりだった。これまで農村問題に取組んできただけに適任の人事といえる。

有馬は二一万石の久留米藩主の家系である有馬頼萬《よりつむ》伯爵の嫡子として東京の日本橋で生まれた。母は岩倉具視の五女恒子であったが、頼寧を産むと間もなくして里に帰り、そのまま離縁されてしまった。

幼少の頼寧に不幸な出来事が続く。近所の芝居小屋から火が出て自宅が焼けてしまったのである。仕方なく一家は別邸があった浅草の橋場に移り住むことになった。有馬はここで下町の庶民の実情を知る。それでも有馬の暮らしぶりといえば、衣食は質素だったものの五〇人ほどの使用人を雇う格式ある家であることには違いない。だが実母が去ったあとの継母は直接面倒を見ることはなく万事、女中任せである。母の愛情を知ることなく、これといったしつけもされないから、自分が欲することは主張するが意見がとおらなければ我慢できずに腹を立てるという、実にわがままな性格になっていた。

学習院の中等科へとすすむようになると野球やボートに汗を流す青年へと成長していった。家族も、どうやら粘り強く取組んでいるようだと感心したまではよいが、加減がわからないようで、こんどは学業が疎《おろそ》かになるほどの入れ込みようになり、なんと落第してしまったのである。まさかの出来事に驚いたのは身内や周囲の人々である。ここは落ち着いた生活のなかで勉学に専念させるべきと北白川宮能久《よしひさ》親王の第二王女との結婚を決めたのだった。数え年で頼寧二〇歳、花嫁一七歳のときである。

在学中の結婚に学習院では噂でもちきりとなった。有馬が学校へ行くと初等科の五、六人がやってきて突然、「有馬さん御結婚」と叫んだ。彼はいても立ってもいられず真っ赤になったが、このときのやんちゃな生徒こそ近衛であった。

子どもも生まれて暮らしが安定してくると勉強にも身が入るようになっていった。有馬が目指した進学先は東京帝国大学農芸化学科である。入学してからは農学科に転科して学問に励むと卒業後は見事に農商務省へ入った。ところがいざ組織のなかで仕事をしてみると、このままどう頑張ったところで高い地位には届きそうにないことを悟ってしまった。こうなると、いても立ってもいられない。嫌になると一日たりとも我慢できないわがままな性格が頭をもたげ辞表を出してしまった。

なにもせずにぶらぶらするわけにもいかない。次に務めたのは、恩師のすすめもあり、母校の農科大学付属の農業教員養成所の講師だった。さほど忙しい仕事でもないから、世間に目を向ける余裕が出てくると奉仕活動に携わるようになっていた。

下町で育ち貧しい庶民の暮らしを見てきたためか、資産家と労働者の格差を知り社会の矛盾を感じたのだろう。裕福な環境で育った罪悪感もある。同じ華族の近衛らに呼びかけて信愛会を組織すると、社会問題について意見交換する会合を開くようになった。そして私財を投じて自宅を改装し、上級学校へすすめない人たちのための夜間学校を設立した。

世の中の現実を知れば知るほど活動の幅も広がっていく。彼が関心を示したのは農村問題である。天候に左右され収穫量は安定しない。凶作となれば食うや食わずとなる。なおかつ、いまだに残る小作制度は根が深い。専門分野だけになんとしても解決したい。

活動が積極的になっていくと、教育者では限界だと政治家になることを決意して衆議院議員に立候補した。選挙区は旧藩地の福岡である。見事に当選をはたして政治の世界に入ると、父が死去したことから襲爵して貴族院議員になり、斎藤実《まこと》内閣では農林政務次官を務めるまでになっていった。

近衛が指名される直前の林銑十郎内閣が組閣された際にも、文部大臣や農林大臣の話があったが断っている。大臣になりさえしたらよいというものではない。もともと有馬は近衛を中心にした内閣を願い、いま自分ひとりが入閣しても意味がないと判断してのことだった。

近衛とは学習院時代からの縁で、信愛会での付き合い以降も政治のあり方をかえるべく新進の華族が集まった十一会で活動をしてきた仲間である。有馬にとっては年下ながら、古くから天皇につかえてきた五摂家の筆頭である家柄の近衛に、どこか引きつけられるものがあった。いまようやく、その近衛に首班の機会が巡ってきたのである。喜んで大臣を引き受け尽くすと誓った。

既存政党への不信や軍人内閣への不満のなか、これまでの政治家とは異なる高貴な雰囲気を漂わせる若き近衛の出現に世間は歓迎した。総理を補佐する外務大臣には総理経験者である広田弘

近衛内閣の顔ぶれ

読売新聞　昭和12年6月5日
（国立国会図書館　所蔵）

有馬農林大臣

読売新聞　昭和12年6月5日
（国立国会図書館　所蔵）

毅が就任した。隣国との関係強化や欧米からの信頼の獲得が求められる重要な役職になる。そのほかの閣僚はというと、大蔵大臣賀屋興宣《おきのり》、陸軍大臣杉山元《はじめ》、海軍大臣米内光政といった顔ぶれである。

農林大臣になった有馬は就任にあたり、農林行政は生活に必要な食料を確保することだけが目的ではなく、それを生業とする農民を保護する、すなわち人を中心にした政策の必要性を力説した。これまで弱者の視点で活動をしてきた姿勢が、そのままことばに表れているようだ。実現に向けて、「急速に解決できる性質のものではない。したがって漸進的に解決策をとるほかはあるまい」と内閣の一員として意気込みを見せた。

初日の仕事は大忙しで、初閣議のあとは写真撮影や記者会見やらと、有馬が帰宅したのは夜の七時過ぎであった。提灯行列に見守られながら家人を待っていた二〇〇〇もの人は大臣を祝福した。集まった客たちに酒をふるまうと自宅周辺は大賑わいである。伯爵にとって明るい未来を想像させる長い一日となった。

二人の実業家

有馬は大臣の傍ら、ちょっとかわった事業を手がけていた。それは職業野球とよばれる球団の経営である。すでに野球の本場である米国ではプロの大リーグが繁栄していたが、日本では前年に立ちあがったばかりであった。

そもそも職業野球ができたきっかけは、昭和六年と九年の二度にわたって開催された日米野球にさかのぼる。いずれもたいへんな客の入りであった。特に二回目となった昭和九年の大会では全米チームの一員としてベーブ・ルースが来日すると国民は熱狂した。日米野球を主催した読売新聞社社長の正力松太郎は、大会の宣伝にあわせて購読者の獲得を見込んだが、それは見事に図に当たり、それまで野球に興味のなかった人々も関心を示す反響ぶりとなった。

大会前から職業野球の可能性を見出していた正力は、日米野球が終了するやいなや全日本チームを母体にした株式会社大日本東京野球倶楽部という球団を旗揚げした。参加したのはルースら大リーグ選手たちを相手に好投してみせた弱冠一七歳の沢村栄治である。彼は慶應義塾大学への進学を夢見ていたが、家計を助けるために京都商業を中退すると入団してきた。そのほかにもチームには、法政大学出身の苅田《かりた》久徳《ひさのり》や慶應義塾大学出身の水原茂といった六大学野球の人気選手が名を連ねていた。

ほどなくして選手たち一行は武者修行のために米国へ遠征することになった。当初チームは日本職業野球団、日本軍と表現されていた。そのうち旅の過程でトウキョウ・ジャイアンツという名称に決まると、新聞では東京巨人軍とよぶようになっていった。沢村の活躍ぶりは海の向こうでも相かわらずで、読売新聞では連日のように試合の様子を伝えた。

これでなんとか軌道に乗り、ひと安心といいたいところであるが、正力は巨人軍を興しただけでは満足していなかった。単独チームによる興行には限界がある。彼の頭のなかにあったのは東京にもう一チーム、そして名古屋に二つ、大阪に二つ、九州に一つ程度によるリーグをつくることであった。巨人軍が帰国するまでに球団を揃えようと正力が話を持ちかけたのは、同業の新聞

ベーブ・ルース来日を歓迎する人々

読売新聞　昭和9年11月2日
（国立国会図書館　所蔵）

日米野球で好投した沢村

読売新聞　昭和9年11月21日
（国立国会図書館　所蔵）

社と鉄道会社である。

甲子園球場を所有する阪神電鉄もそのひとつだった。阪神電鉄は、昭和六年の日米野球で正力から興行権を一万七〇〇〇円で譲り受けていた。大入りとなった甲子園は、二日間で約七万円もの収益をあげるほどであった。ルースらが来日した昭和九年の開催でも興行権を得て七万人もの入場で二万円ほど儲けていたから、話に乗らないはずがない。ひそかに球団発足に動き出すとチームはタイガースと名付けられた。

正力が巧みなのは、同じ地域の競合の阪急電鉄にも声をかけていたところである。その相手こそ阪急電鉄会長の小林一三だった。

小林といえば、正力とならんで東西を代表する実業家で、昭和一〇年には、『正力松太郎と小林一三――如何にして今日を築いたか』という書籍まで出版されるほどであった。経営手腕により会社を発展させてきた二人だが、その経歴は異色である。

正力は東京帝国大学を卒業すると内閣統計局に籍を置いたが、高等文官試験に合格すると警視庁へすすんだ。警務部長にまでなったものの大正一二年、共産主義思想に共鳴した男が摂政宮裕仁親王に向けて仕込み銃を発砲した虎ノ門事件が起こると、警備責任者だったことから引責辞職するはめになった。

その彼が警察官僚から転じた先はなんと読売新聞社の経営だった。異なる世界から入ってきた正力の視点は鋭く、囲碁将棋欄の拡充や宣伝事業となる日本名宝展の開催といった企画を相次いで打ち出した。特に番組の時間割や解説を掲載したラジオ欄の創設は、放送開始早々、受信機の購入数の増加とともに聴取者をそのまま読者として手中に収める結果となった。自ら先頭に立って指揮する姿は、そのまま読売新聞の原動力となり社を躍進させていった。

一方の小林も最初から順風満帆の道のりとはいえなかった。慶應義塾を卒業して三井銀行に勤めていたが、新設予定の証券会社の支配人になる話があると新天地で職に就くことを決心した。ところがなんとも運が悪い。退社したその日から日露戦争後の好景気の反動暴落がはじまり、会社の立ちあげのメドがつかなくなってしまったのだった。路頭に迷うも、ひょんなことから箕面有馬電気軌道を任されるようになると、持ち前の発想で本領を発揮した。

まず小林は住宅地として開発するために沿線の土地二万七〇〇〇坪を買収するところから手がけた。そして付加価値をつけるために土地を碁盤の目のように整備すると、庭付き五、六部屋の二階建て住宅を二五〇〇円から三〇〇〇円で売り出したのだった。それも売値の二割を頭金にして、残りを一〇年賦で一カ月二四円程度支払えば手に入るという方式を採用したから、庶民にとってはなんとも魅力的に映った。またたく間に買い手がついたのはいうまでもない。その甲斐あって鉄道の利用者は徐々に増えはじめた。

さらに知恵をしぼって宝塚新温泉の営業や宝塚唱歌隊を結成して施設内の劇場で少女歌劇の公演をするなどして、沿線を活性化させていったのだった。極めつけは起点の梅田駅に阪急百貨店を開店させたことである。ほどなくすると電車は通勤客と買い物客でいっぱいになった。会社の規模が拡大すると社名を阪神急行電鉄へと改め、小林も社長、そして会長へと駆けあがっていった。いまでは鉄道を核にした事業は地域社会を担うまでに成長を遂げている。

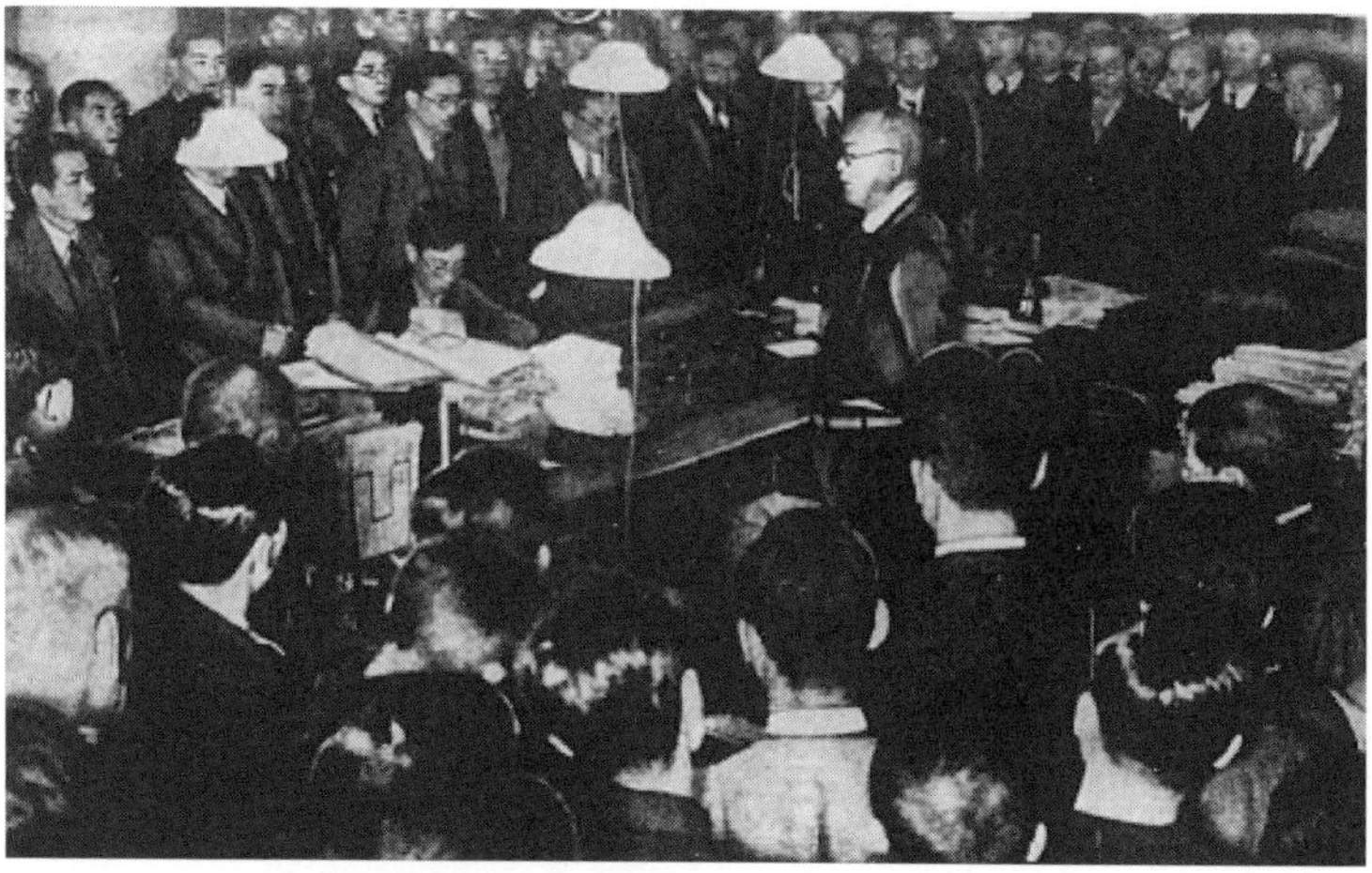

先頭に立って指揮する正力（中央）

読売新聞社長正力松太郎氏新聞経営の苦心を語る　昭和12年12月29日
（国立国会図書館　所蔵）

小林が梅田駅に開店した阪急百貨店

（山際康之　所蔵）

そんな独創的で行動力のある経営者だから、新しい事業となればきっと食いついてくるはずである。正力は小林の行方を注視した。

職業野球の先駆者

つい数カ月ほど前のことだが、小林は雑誌『改造』で「職業野球団の創設」と題した寄稿文を発表していた。その中身はというと実業家らしく、職業野球団はどのような選手を集めるかという前に、どう営業するかが重要だとして、球場の入場料だけではなく乗車収入も見込んだ経営について述べていた。観客を魅了する試合形式についても、東京の京成、東横や関西の阪神、京阪といった球場を所有する鉄道会社がチームを結成してリーグ戦を行うことを提案している。正力の考えよりも一歩も二歩も先を行く具体的な計画である。それもそのはずで、かつて小林は職業野球団を経営していたことがあった。

さかのぼること大正九年、日本運動協会という球団が存在した。協会は東京・芝浦に球場を構えていたことから芝浦協会とよばれた。チームのメンバーは一八歳から三〇歳までの中等教育を受けた者を対象に、一般公募して選ばれた一四名である。職業野球として求められる高い水準の指導を受けた選手たちは、実業団や倶楽部といった対戦相手を求めて国内はもとより奉天、大連など大陸にも足を延ばして試合をした。

これまでにない娯楽でさぞや人気が高まると思いきや、学生を中心に発展を遂げてきた野球を商売にすることへの風当たりは強く、興行は思うようにすすまなかった。そこへ追い討ちをかけ

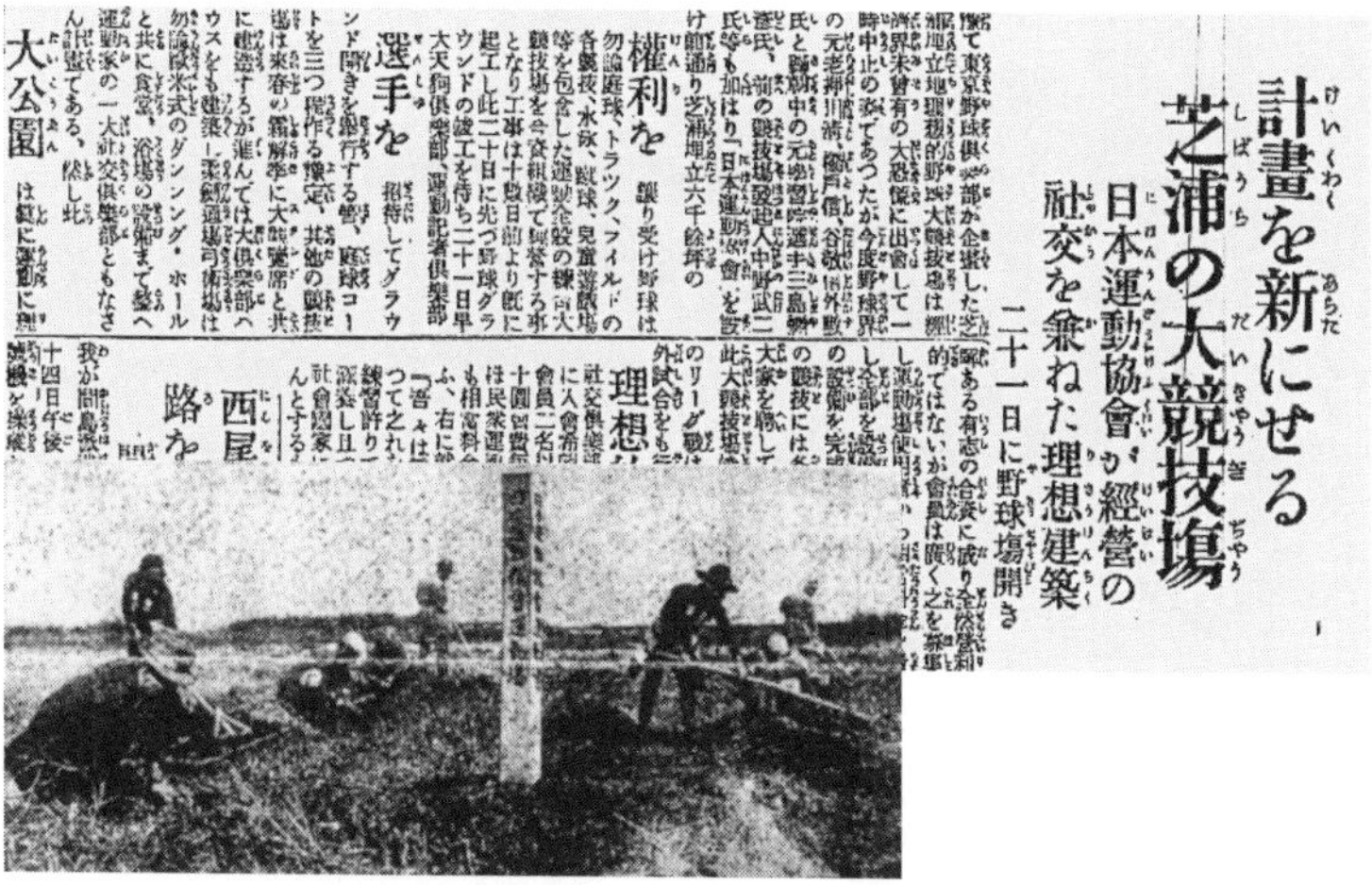

計畫《けいくわく》を新《あらた》にせる

芝浦《しばうら》の大競技場《だいきやうぎぢやう》

日本運動協會《にほんうんどうけふくわい》が經營《けいえい》の

社交《しやかう》を兼《か》ねた理想建築《りさうけんちく》

二十一日に野球場開き

權利《けんり》を

選手《せんしゆ》を

大公園《だいこうえん》

理想

西尾《にしを》

路を

日本初の職業野球団となった芝浦協会

東京朝日新聞　大正9年11月17日（国立国会図書館　所蔵）

宝塚運動協会の本拠地になった宝塚球場

（山際康之　所蔵）

たのが関東大震災だった。震災直後、上野公園などへ避難してきた人々を安全な場所に移動させるために、「芝浦へ！　芝浦へ！　芝浦埋立地ニハ、横川工場、高等工芸学校ニ約一万人ノ収容力アリ」と書かれた宣伝ビラが配られた。

被災した人々が避難していくなか、芝浦球場は関東戒厳司令部と東京市社会局に徴発され救援物資配給の基地になった。皮肉なことに芝浦への誘導指示に当たったのは、当時、警視庁官房主事だった正力である。

もうこうなると野球どころではない。球場の使用のめどが立たなくなり、協会は解散の危機に陥った。そこへ救いの手を差し伸べたのが阪急電鉄の小林であった。これまで宝塚新温泉、宝塚少女歌劇といった複合施設を運営してきた。野球も加われば、いっそう娯楽が充実するだろう。そう見積もると宝塚運動協会として再出発したのであった。しかし、競う相手のいない単独チームの巡業は思わしくなく、日本初の職業野球団は消滅への道を辿っていった。小林が雑誌で主張した寄稿文は、まさしく自らの失敗の経験に基づくものであった。

正力が声をかけた頃、小林はちょうど海外へ視察中であった。遠い地とのやり取りは要領を得ず思うようにすすまないでいた。それが阪神の動向が伝わってくると小林は慌てた。前々から球団の実現に向けて西宮に土地を買い取り球場建設まで予定していたというのに。もしやそれが阪神に漏れたのではあるまいか。

かねがね小林は阪神電鉄との競争あってこそ進歩があると考えていた。その一方で、無謀な競争は注意しなければならないとして、相手の縄張りに足を踏み込んでまでことを起こすのは避けてきた。だが、職業野球になると話は別である。目と鼻の先に甲子園があるのは承知のうえだ。俄然、ムキになると、こちらこそ元祖だと、すぐさま専務の佐藤博夫に電報を打って指示したのだった。

ソッコク　ショクギョウヤキュウダンヲツクリ
ニシノミヤキタグチニキュウジョウヲ　ケンセツセヨ

まんまと正力の企てにのっかってしまった格好となった。

こうした両者を天秤にかけるような手法が必ずしもうまくいくとは限らない。名古屋では新愛知新聞社と名古屋新聞社に働きかけていた。同じ地域の新聞社で購読者の獲得や報道合戦で何かにつけて競いあう相手である。

新愛知新聞社も昭和六年の日米野球で正力から興行権を一万円で譲り受けている。三万人もの観衆でぎっしりと埋まった球場を見た新愛知の役員たちは、商売のうまみを知った。とりわけ主幹で編集局長を務める田中斉《ひとし》は米国に留学して大リーグの繁栄を目の当たりにしている。本場のベースボールを知る自分に頼って、わざわざ誘ってきたのだと自尊心をくすぐられた。

ところが名古屋新聞社にも同じように声をかけていたのを知った田中は、釈然としないものを感じたであろう。正力への対抗心に火がついてしまい、読売とは別のリーグをつくろうと立ちあがったのであった。

彼の着想は企業を中心にした正力の考えとは異なり、北海道、新潟、東京、名古屋からなる地域を拠点にするものであった。名古屋は新愛知新聞のお膝元で、上越日報の新潟と国民新聞のある東京はいずれも系列新聞の販売網にそって地域を選定したものである。北海道を候補にあげた意図は不明だが、正力が九州にチームをつくる動きを睨んで対極する位置の北を選んだのかもしれない。

だが志高く準備をすすめてみたものの資金も人脈もない。田中は国民新聞社代表取締役もかねていたが、社は赤字続きで親会社である新愛知からの資金の持出しで急場をしのいでいた。しかも北海道、新潟といった寒冷地での興行は期間が限られて球場の整備も必要になる。次から次へと難題が立ちふさがると、たちまち計画は手づまり状態に陥ってしまった。

お手並み拝見と静観していた正力は、その様子を見るや田中に対して合流するようにと手を差し伸べた。腹の底では職業野球リーグが乱立すれば共倒れになってしまうという思惑があっただろう。観念した田中は、出来あがっていた東京と名古屋の球団を引き連れてリーグへの参加に応じた。チーム名は、それぞれ大東京軍、名古屋軍とよぶことになった。これで東京、名古屋、大阪に二つずつのチームによるリーグがかたちをなしてきた。残るは九州である。実現すれば全国を股にかけて興行ができる。

しかし、声をかけていた福岡日日新聞社の反応はいまひとつであった。正力が目論んだ構想の腰を折る格好となったが、そのかわりに東京で思わぬ球団が名乗りをあげた。それが有馬のチームだった。

深みにはまって

資本金一〇〇万円で西武鉄道から支援を受けるというふれこみの日本野球協会の設立披露会は東京会館で華々しく催された。

出席したのは有馬をはじめ衆議院議員の駒井重次《じゅうじ》や鶴見祐輔、そして正力といったそうそうたる面々である。発起人を代表して鶴見は、「現在、日本の野球界に職業野球は絶対に必要である」と強い決意を述べた。続いて来賓の正力は、「東京巨人軍に拮抗した強チームのできることは斯界のために慶賀に堪えない」とリーグ参加へ祝辞を述べた。

熱気が高まる会場とは裏腹に有馬はというと、どうも居心地が悪い。会に引っ張り出されたのはいいが、なんのことやらさっぱり理解できない。もっともなことで、つい一〇日ほど前に駒井から突然、球団への出資を依頼されたばかりだった。もともとは駒井が有馬の実弟で安藤信篤子爵の養子になった安藤信昭に持ちかけていた話で、その際に野球をこよなく愛する兄のことが話題になったのであろう。その伝手を頼っての願い出であった。

たしかに有馬は人気の東京六大学のリーグ戦のみならず、都市対抗野球大会の観戦で連日のように球場に通っていた。夏には全国中等学校優勝野球大会をラジオ放送で聞きながら一日を過ごすことも珍しくない。お付きもなく、ひとりで球場に出かけることもいとわないから相当なものである。

とはいえ職業野球とはいったいどのような事業なのか見当もつかない。華族という身分で商売とは無縁である。いくら野球が好きといっても、簡単には手は出せない。発起人への要請をしぶってはみたものの弟の立場を考えるとむげには断れない。結局のところ五〇〇株を持たされるハメになってしまったのだった。

伯爵の憂鬱をよそに披露会での鶴見の演説はチーム発足へ向けて威勢がいい。なにせ球団だけでなく西武鉄道の沿線にある上井草の運動場に、東洋一の武蔵球場を建設するというからたいしたものである。その規模はというと、二万五〇〇〇坪の土地に米国の球場を模した二階屋根付きの観客席を設けた八万人収容のスタジアムというから仰天だ。三万八〇〇〇人を収容する観客席を第一期工事として、この秋までに完成させるという。

選手の準備も万全なようで、「東京巨人軍に対抗して下らぬ自信のメンバーができあがります」と自信たっぷりである。そのことばを裏付けるように、慶應義塾大学出身者を軸に、投打で名を馳せた永井武雄や宮武三郎などの参加が囁かれた。大連で存在感を見せていた山下実や水谷則一《のりいち》も入団するために準備をすすめているという話も伝わってきたから強力な布陣が予想される。巨人軍の競争相手となるチームの登場に、正力は読売新聞の紙面を使って、「東京巨人軍の弟分」という見出しで歓迎した。

会が終ると駒井は安藤と一緒に有馬のもとを訪れた。伯爵が球団の経営に参加するとなれば信用が高まり出資者も増えるだろう。なによりも有馬からも資金の援助を得ることができるから都合がいい。駒井はソロバンをはじいた。

案の定、駒井は有馬に監督になる予定の永井武雄が優秀な選手を獲得するために大連に出向く

生まれたぞ！

東京巨人軍の弟分
新職業チーム
上井草に百万圓の専屬球場
日本野球協會　設立披露

日本野球界に一新紀元を劃してさきに生れた大日本東京野球倶楽部—東京巨人軍—に拮抗してこんどまた新に職業野球團が誕生、今秋から日本最高の王座を目ざす龍虎相搏つ熱戦が擧行され満天下野球ファンの血を沸かすこととなつた

この會社成立後西武鐵道では新宿から球場まで十數分で行けるプランを立てゝゐるから右球場完成のうへは斯界に多大の貢獻を齎すであらう、なほ日本野球協會の設立披露會は十七日午後六時から東京會舘に開催、恒松總監野球部長、安樂大日本東京野球倶楽部監督、正力本社々長等、球界關

係者をはじめ有馬賴寧伯、…氏等出席、…氏披露…して會社結成の趣旨を述べ「現在日本の野球界に職業…は絶對に必要である、現に…巨人軍が米國においてスポ…自主的外交の目的を達した…び羅府オリムピックの例に…も將來日本のスポーツ特に…の作つた野球を日本が打ち…すやうになれば恐らく米國…

華々しく発表された日本野球協会

読売新聞　昭和10年8月18日（国立国会図書館　所蔵）

ことになったと話すと、またもや追加となる資金を提供するように依頼してきた。噂になっている山下と水谷のことだろう。

金を無心されてもおいそれと呑むわけにはいかない。すでに球団へは一万円もの出資をしている。一万円といえば有馬が住む東京の荻窪周辺なら三〇〇坪ほどの土地が購入できるだろう。伯爵とはいえたいへんな額である。代々受け継いできた土地などは所有していても実業家のように手元に現金があるわけではない。ましてや夜間学校をはじめとする奉仕活動は、自前どころか銀行からの借金までしてまかなってきた。高利貸しにも手を出すほどだったから世間で思うほど暮らしは楽ではない。

そうとはいっても大金をつぎ込んでいながら、これで選手が入団できずに頓挫してしまうのも困りものである。有馬は不安を拭うように駒井へ五〇〇円を渡したのだった。

それからしばらくしてからのことである。安藤がひとりでやって来た。話を聞けば、設立披露会で大風呂敷を広げたのはいいが、いっこうにことがすすまない駒井のやり方に不信感を募らせているようであった。このままでは立ちいかなくなってしまうと安藤は訴えた。どうやら安藤は相当深入りしているようであった。

同調する西武鉄道取締役の佐藤秀松も訪れるようになると、駒井を排除して安藤を中心に西武鉄道が協力する体制にしたいので、有馬も支援してほしいと求めてきた。ことの成り行きが耳にも入ったようで、続けざまに正力からも電話があった。

金の話があったかと思うと次は組織内での衝突である。当事者同士での解決ができていないようで、あらゆる問題の処理が有馬に集中してくる。悩める弟を救うために相談に応じてきたが、気がつけば自分が抜け出せないほど深みにはまっていた。

もう後戻りはできない。こうなったら乗りかかった舟である。やるところまでやるしかない。有馬は球団の立て直しに本腰を入れる決心をしたのだった。

球団の経営者

伯爵の姿勢を試すかのように球団にまつわる厄介な出来事は容赦なくやってきた。こんどは安藤が事業から身を引きたいといいだした。球団への入れ込み具合に周囲が心配して助言したようであったが、辛抱することなくすぐに投げ出してしまう弱さは同じ血筋の兄とそっくりである。

それにしても弟が抜けて自分ひとりになってしまうとすれば、どう考えても荷が重すぎる。はたして、これから誰を頼りにすすめていけばいいのか。一睡もできず有馬は日記に弱音を吐いた。


自分としては責任を負う覚悟はあるが力がもうない。自分の将来ももう駄目か……


彼は持病の神経痛に悩まされていた。心の悩みをかかえいっそう痛み、床に伏すようになってしまった。

それでも試練は続く。次なる問題は選手たちが他の球団と契約して脱走してしまったことであった。日本野球協会のチームは、監督の永井武雄をはじめ慶應義塾大学出身者を中心に、大連まで行って交渉した山下実、水谷則一に加え宮武三郎や堀定一、伊藤勝三《かつぞう》といった豪華な選手が揃っていた。にもかかわらず球団そのものがゴタゴタ続きで資金の確保や契約もずさんだったから、逃げ出すのも当然かもしれない。

スキを狙って大物である宮武と山下を奪取したのは小林の阪急軍だった。宮武は六大学で三八勝をあげた剛腕投手である。打者としても優秀で、いまだかつて誰も記録したことのない七本もの本塁打を飛ばしているから、なんともすごい。そのうちの一本である一五〇メートルもの場外本塁打は神宮開場以来の飛距離で、いまも語り草になっている。

山下も負けてはいない。宮武に次ぐ六本の本塁打を記録して首位打者を獲得している。度肝を抜くプレーを披露する両雄は、六大学のなかでも別格ともいえるスターであった。

交渉に当たったのは阪急百貨店の洋家具売場で店員をしていた村上実だった。彼は入社する前に慶應義塾大学野球部のマネージャーをしていたから、それを知っての抜擢である。

村上は宮武に接近すると契約の矛盾をついて交渉の突破口を開いた。実は宮武は日本野球協会との契約の署名はしていたものの、まだ捺印はしていなかったのだった。契約金は五年間で一万八〇〇〇円と高級役人並みの額である。だが、いくら経っても契約の話はすすまないでいた。それを知った村上は、たとえ署名をしていても捺印をしていなければ契約書は無効だと訴えると、宮武を説得して入団させてしまったのだった。小林の事業への執念は村上にも乗り移ったようだ。もうひとりの山下も口説き落として契約をものにした。

一方、それ以外の監督の永井や水谷、堀、伊藤といった選手たちは、田中の大東京軍へ走った。

八万人を収容するという球場の建設がすすまないなか、選手たちは体がなまると大宮の球場で練習をはじめてみたものの待てど暮らせど契約の話はすすまない。しびれを切らした永井らは、大東京軍の誘いに乗ったのだった。

宮武と伊藤のバッテリー。一番から堀、水谷、山下、宮武と続く強力な打線。想像しただけでも心が躍るチームだった。それなのに気がつけば慶應の大物たちは蜘蛛の子を散らすようにいなくなっていた。あまりの急展開に有馬は半信半疑であったろうが、時すでに遅しである。

選手が駄目なら球場だけはなんとしても完成させておきたい。有馬は建設中の様子を見にいくことにした。駒井や鶴見らが八万人を収容する東洋一のスタジアムと豪語していたが、いざ自分の目で見るとなんとも手狭な印象である。

工事のすすみ具合といえば、外野は出来ているものの内野のスタンドはまだ途中だった。資金難がたたり遅れの影響が出ているようだ。なにもかもうまくいかない。

選手も球場も駄目なら、せめてチーム名くらいはファンに愛されるものにしたい。名称を決めるきっかけとなったのは、ハーバート・ハンターとの会合であった。ハンターは、たびたび日本を訪れては学生を指導してきて、昭和六年に行われた日米野球でも米国側の窓口を務めていた。

ちょうどハンターが全米のアマチュア選手たちを連れて来日していたので、大リーグの組織を勉強しようと有馬が芝の料亭に招待したときのことである。まだ名称が決まっていないことをハンターに相談すると、彼は貴族院議員である有馬にちなんで、米国の上院議員を意味し、大リーグのチーム名にもなっていたセネタースを提案したのだった。

球場予定地の西武鉄道の運動場（上）

（山際康之　所蔵）

建設中の上井草球場（下）

読売新聞　昭和10年10月9日
（国立国会図書館　所蔵）

〝東京セネタース〟名乗りを擧ぐ

新職業團　巨人軍の弟分

チーム名はセネタースに決定

読売新聞　昭和11年1月19日
（国立国会図書館　所蔵）

品があっていい。有馬は気に入ったと見え、その場で同意した。徐々に落ち着き先が見えてくると、不思議なことに神経痛のほうも回復へと向かっていった。

昭和一一年一月一五日、日本野球協会を改め株式会社東京野球協会の創立総会が開催された。協会の理事長は安藤である。一時は辞めたいといっていたが、有馬は自分が責任を負うとして、理事長に就任するように説得したのだった。安藤と西武鉄道、そして有馬が連携して駒井らに対抗すると役員も一新された。常務理事には西武鉄道の佐藤がなり、協会の実務的な責任者である理事には詫摩治利が就任した。チームの名付け親であるハンターは顧問である。

肝心の有馬はというと、理事長に推す声もあったが表面に出ることを望まず、相談役という立場で弟を助けることになった。

資本金二〇万円の株式会社としての出発である。当初の一〇〇万円からはずいぶん減ったが株式の支払いは滞りなくすべて完了している。それにしても、よくぞここまで資金が集まったものだ。実現にいたった陰には有馬の並々ならぬ尽力があった。弟からのたびたびの求めに応じて金を工面しては渡していた。総会直前にも一部の出資者による二〇〇株五〇〇〇円が未払いで、その分も有馬が借り入れて対処していたほどである。

それだけにとどまらない。なんと有馬は自ら足を運び池田仲博《なかひろ》侯爵らに株の出資を願い出ていたのだった。伯爵が華族をまわって営業するなど前代未聞である。有馬がいなければここまでこぎ着けることはできなかったであろう。

こうして難産の末にセネタースが生まれると、巨人軍、タイガース、名古屋軍、阪急軍、大東京軍、金鯱《きんこ》軍の七チームによる日本職業野球連盟が創設された。まさに有馬が農林大臣に就任する一年半ほど前のことであった。

前年度のリーグ戦は、勝ち抜き戦と総当たり戦による単発の大会を東京、名古屋、関西の各地で交互に開催した。秋季以降は各大会の首位に勝ち点が与えられ、その合計点で年間の優勝を決定することになった。勝ち点の合計で並んだ巨人軍とタイガースとが選手権によって競うと、沢村の三連投により巨人軍が見事に優勝をはたしている。

有馬が大臣になった昭和一二年からは試合の形式は総当たりに統一され、春季と秋季の二季のそれぞれで優勝を決めるように改められた。イーグルスという新チームも加盟して八チームになり、いよいよ本格的なリーグ戦の始動である。

球団発足までの道のりは苦難の連続だったが苦労した分だけ愛着がわいてくる。いまではそんなことも忘れてセネタースの試合を観るのが日課となっていた。

大臣就任時に、「プロ野球ファン」という見出しで新聞に報道された由縁である。成蹊高校で投手をしていた息子の頼義《よりちか》は大臣になった父について、東京での試合は欠かさず観ている野球狂で、「職業野球の賛美者」とまで語っていたから本物である。

投手と守備が充実する有馬のチームは充分に優勝が狙える戦力である。伯爵の応援に力が入った。

上井草の風景

プロ野球ファンで
産組の大元締め
歸京の驛頭から組閣本部へ
令息が語る青年親父
農林・有馬伯

野球狂と報じられた有馬
読売新聞　昭和12年6月3日
（国立国会図書館　所蔵）

大臣就任を喜ぶ息子たち
読売新聞　昭和12年6月3日（国立国会図書館　所蔵）

空は青く絶好の観戦日和である。農林大臣に就任してから二週間ほど経った昭和一二年六月のこの日、久しぶりに休みをとった有馬は上井草球場を訪れていた。

内閣の一員ともなれば忙しいのは当たり前で、政府の方針を決定するために近衛首相と各大臣が出席する閣議から農林省の役人との打ち合わせまで、ひっきりなしの日程である。そのうえ陳情団の面会やら記者の取材、そして夜は会食だから慌ただしい。

見渡せば、そんな忙しさをつい忘れてしまうほどの田園風景である。まだ一年も経っていない新しい球場の外野は土堤になっており周りには赤松が点在する。快晴の下でグラウンドを目にして、有馬はようやく解放されたような気分になった。

資金繰りがままならず工事の遅れが心配になって球場に出かけた頃のことが思い出される。作業員二五〇人の朝から晩までの働きにより、ようやく完成にこぎ着けることができた。白塗りのスタンドに目を移すと内野は両翼一三段で五〇〇〇人の観客が収容できる。外野は芝生で二万五〇〇〇もの人が入る。駒井がぶちあげた八万人にはほど遠いが球場全体で三万人の規模になった。ちょうど一カ月ほど前に小林の阪急軍も西宮球場を開場させていた。西宮球場の内野スタンドのほうは鉄傘付き二階建ての豪華な建築である。比べてしまうと少々見劣りがするが、そこは実業家と伯爵の資金力の違いである。仕方あるまい。

その分、こちらは品がある。ネット裏にある建物の二階は休憩室で、お茶を飲みながら観戦ができるお洒落な造りになっていた。

職業野球に宣伝は欠かせないということで、記事を掲載してくれる記者席もテーブルが広く機

田園のなかの上井草球場

読売新聞　昭和11年8月25日
（国立国会図書館　所蔵）

二階休憩室ではお茶を提供

読売新聞　昭和11年8月30日
（国立国会図書館　所蔵）

能的である。記者は観戦しながら試合の経過についてまとめ、原稿が出来あがると伝書鳩を使って社に送る。何かと場所を必要とするのでありがたい配慮だ。そのうえ球場整理係という腕章をつけた青年がお茶を運んできてくれるからなんとも気が利いているではないか。

さしずめ、この球場の難をあげるとすれば場所であろう。高田馬場から上井草まで西武鉄道で一五分ほどかかる。試合のある日は急行電車を走らせ一〇分程度になるが、東京の中心地から考えると西の端であることは否めず、客を呼び込むのに苦労している。開場の際は高田馬場から上井草までの往復の運賃と球場入場料込みの五〇銭で販売したり、広告を出したりと試みたがあまり効果はないようだった。

この日の対戦相手はタイガースである。観客は天気のいい日曜ということもあってか五〇〇〇人ほどいる。普段は一〇〇〇人くらいだから、まずまずの入りだ。

昭和一二年春季リーグ戦によるここまでのセネタースの成績は、巨人軍、タイガースに続く三位である。とはいっても前を行く二チームに大きく引き離されている状況だから手放しには喜べない。特にタイガースには苦手意識があるようで対戦成績は一勝六敗と散々である。今日こそはと願うなか、お目当ての選手が登場すると有馬は胸を弾ませた。

伯爵のお気に入り

グラウンドには巨人軍から移籍してきた苅田が二塁の守備についていた。法政大学時代から天才とうたわれた彼は遊撃手として華麗なプレーを見せてきた。その彼が、巨人軍の一員として米

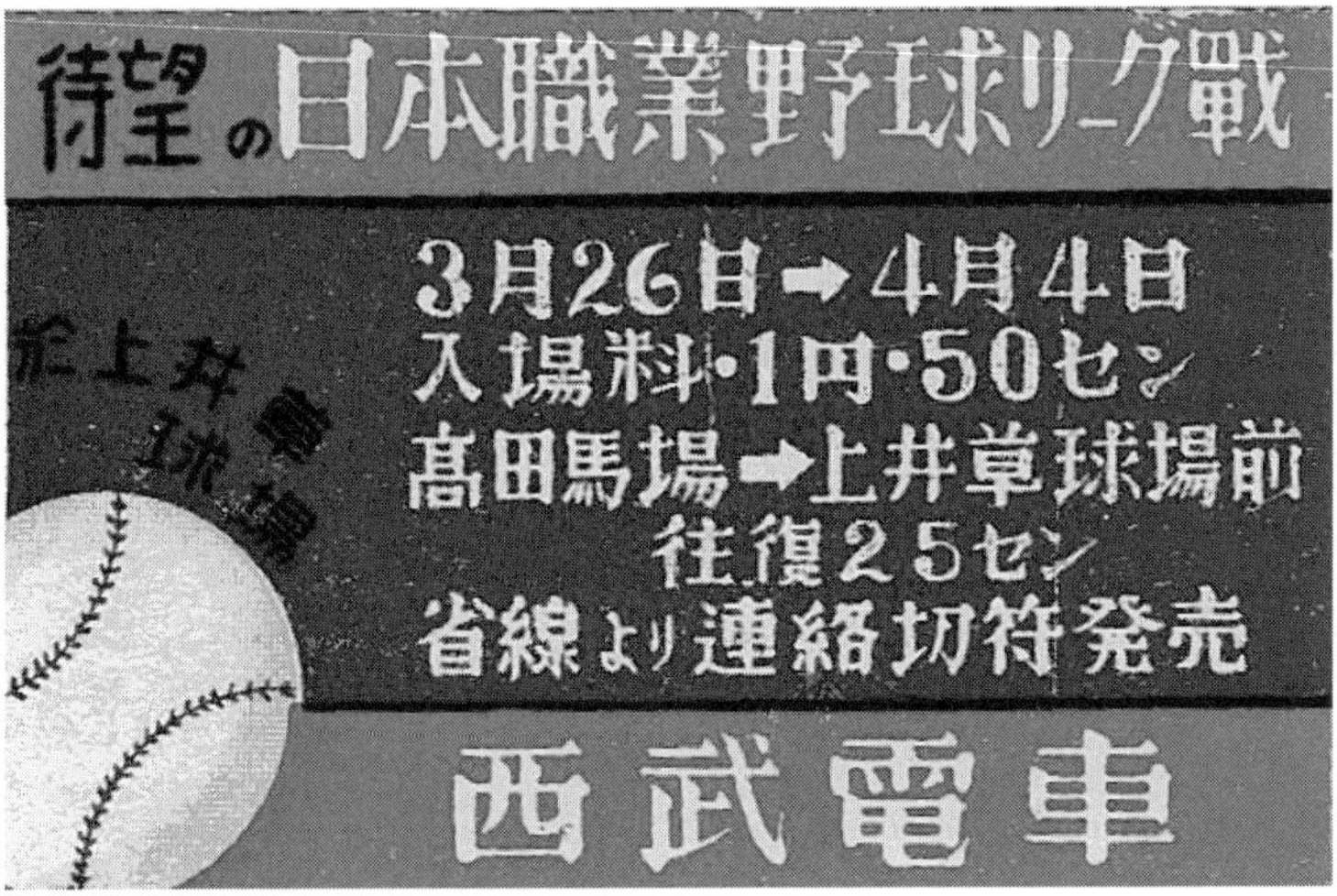

上井草球場のマッチ広告

（山際康之　所蔵）

セネタースの選手たち

（山際康之　所蔵）

国に遠征したときに、近代野球の要は二塁手だと知り衝撃を受けた。たしかに遊撃手は若くて体さえ動けば務まるが、二塁手は高度な技術と頭脳が求められる。

すっかり二塁手に魅了されてしまった苅田は、米国から帰国して巨人軍からセネタースに移る際に、球団理事である詫摩から入団の条件を問われると、「二塁をやらせてもらいたい」と要求したのだった。

ゼニじゃねえ、自分の好きなようにやらせてくれれば、それで充分だ。セネタースで二塁手の重要性を証明してみせると意気込んだ苅田は入団すると早速、二塁を中心とした理想の内野陣を構成するために、専修大学出身の高橋輝彦を三塁に置き、大学の後輩である中村信一を遊撃手の後釜として任せると徹底的に鍛えあげた。練習の成果は絶大で、幾多の場面で併殺を行っては味方を救う、その呼吸のあった連携は一〇〇万ドルの内野陣とうたわれるまでになった。有馬も苅田のプレーを絶賛した。

ところが、これほどまでに腕のいい働きをするにもかかわらず、この男は何かともめごとが多いのが玉にきずである。前年のリーグ戦でも審判といざこざになっている。

それは甲子園球場でのタイガース戦のことである。打った打球が左中間を抜け長打だと判断すると、苅田は三塁まで全速で走って頭からすべり込んだ。球は三塁へ返球されてきたものの間一髪のセーフだ。そう思った瞬間に塁審の二出川延明《にでがわのぶあき》が、「アウト! アウト! アウト!」とひときわ高く声を発した。

あきらかに自分のほうが早いのに。にもかかわらずアウトを三回も連呼するとは何事だ! 思わず頭に血がのぼると苅田は叫んだ。

「どこ見てんだ！　これがアウトか」

判定した二出川はというと、そっぽを向いてとりあおうとしない。そうした態度に余計に腹をたてた苅田は、「こんなんじゃあ、バカバカしく、やっちゃあいられねえ」といい放つとベンチに引きあげてしまったのだった。慌てたのは二出川の方である。「苅田君、そんなに興奮しなさんな」とさとしたが、苅田は収まる気配はない。

審判は困惑するもプレーするはずの当事者がいなければ話にならない。なにもするわけにもいかず二出川は退場処分とするしかなかった。苅田は二万人もの観衆を前に、なんとも不名誉な職業野球初の退場者になってしまったのだった。

厄介な話は球場内だけにとどまらない。つい半年ほど前のことだが、苅田の妻が家出したことが新聞沙汰になって世間を騒がせた。

妻の文江と結婚したのは法政大学在学中のことだった。六大学の人気者だった苅田の周りには多くの女性ファンがいたが、婦人雑誌でミス東京に選ばれるほどの美貌である文江を見初めた。ロマンスに花を咲かせ、彼女が神宮球場へ観戦に訪れると「スタンドの麗人」と囁かれ話題になったほどである。卒業の直前ではあったが苅田は結婚式をあげて仲睦まじい家庭生活を送るようになった。職業野球という未知の世界へすすむ際にも、「どうせ野球人の生活をするなら職業団へ」と後押ししたのは妻である。

そんな暮らしも結婚して四年が経ち職業野球選手になると生活が派手になっていった。毎月の出費が重なると実家から家計の補助すら受ける有様である。家を空けることも珍しくない。

妻が家出をした直前も洲崎球場ではリーグ戦の最中で、やはり夫は五、六日、自宅には帰っていなかった。久しぶりに帰宅したかと思いきや、よりによって女連れだからどうしようもない。いったい、どういうつもりなのか。つめ寄る妻の問いに苅田は思わずカッとなると、「俺の財布から金をとっておいたのはお前だろう、お前はいつもそんなことをする、俺はこんなケチな家にはもう帰ってこないゾ」と怒鳴りつけてしまったのであった。

日頃の夫のふるまいに心を痛めていただけでなく、あらぬ疑いをかけられた妻は、さすがに我慢の限界だったようで、二児を連れて家を出ることを決心した。そして翌日、上井草球場にいた夫に電話をかけて、「長い間、お世話になりました」といい残すと姿を消してしまったのだった。

もしや子どもを道連れに⁉　長男は四つ、長女は二つでまだ幼い。不安になった苅田は警察に捜索願を出し、妻と小さな子どもたちの消息を案じた。苅田は、「この問題は夫婦間で話をすればわかること」としたが人気選手の事件を新聞社が放っておくはずもなく、「家庭の守備に破綻」として、こぞって取りあげた。

そうしたなか衝撃的な報せが入ってきた。

「嫌がる娘の手を　引きさつつ飛込む　上野ホームで母子心中」

まさか！　よく見れば、別の母子心中事件の報道である。もし苅田が新聞を見たらギョッとしたに違いない。

妻と子どもたちが見つかったのは次の日のことである。熱海温泉の旅館に投宿して無事である

大学時代から女性ファンが多かった苅田

野球界23巻3号別冊付録
昭和8年2月1日
（山際康之　所蔵）

華やかな選手生活
家庭愛に破綻

軍苅田選手の妻
二兒と共に家出
「お世話になりました」と電話
心なき叱責が原因

家出した文江さんと苅田君（圖內）

苅田の妻の家出は世間の注目となった

東京朝日新聞　昭和11年12月4日（国立国会図書館　所蔵）

ことが判明した。すぐさま苅田は自動車を飛ばし家族との対面をはたしたのだった。いつもは威勢のいい男だが、さすがに反省したようで、「内輪のことですから」とことば少なげに体をつぼめて見せた。

有馬もあきれるばかりの問題児だが守備を観ていると、そんな出来事も忘れてしまうから不思議である。グラウンドの二塁手は今日も調子がよさそうだ。

皇室からのお迎え

有馬が注目する、もうひとりの選手は投手の野口明である。彼も厄介な問題を起こさなかったわけではない。もっともそれは監督に就任した横沢三郎に責任がある。

横沢は球団が発足して監督になったはいいが、宮武ら慶應出身の選手たちが他のチームに逃げ出し誰ひとりいない状況に頭をかかえた。そこで監督は、ここは家族総出だと弟の四郎と七郎に声をかけてみた。しかし、どう見てもそれだけではとうてい足りるわけもない。思いついたのが母校である明治大学へ入学したばかりの野口だった。

野口といえば、中京商業が夏の全国中等学校優勝野球大会で前代未聞の三連覇を達成したときの捕手である。大学側は彼の持っている潜在的な才能を引き出そうと、入学するや投手を任せた。その素質は見込みどおりに発揮され、明治神宮体育大会での新人の勝ち抜き戦では明治を優勝に導くほどの好投を見せた。このままリーグ戦に突入すれば明治大学の主軸の投手になるのは間違いない。

そうした矢先にもかかわらず横沢は大胆にも横取りを企んだ。大物を仕留めるには、それなりの策が必要だろう。そこでまたもや横沢は身内を頼った。映画会社の日活に勤めていた次兄である小林次男に相談して野口の獲得を依頼したのだった。

弟の求めに次男は脚本ともいうべき作戦をねった。観客が熱狂するような映画には、あっといわせるような筋書きがあるものだ。選手の勧誘も創造力が必要だな。あれこれ思案していると、偶然にも宣伝部員の男が野口と仲がいいことを聞きつけた。そこで次男は、この線を使って野口を合宿所から誘い出すことにした。合宿所から出れば、こっちのものだ。あとは本人を説得して、そのまま契約すればいい。彼が立案したのは作戦とは名ばかりの、いわば誘拐だった。

決行の当日、次男は用意周到に合宿所のそばにタクシーをつけて待った。なにも知らない野口が宣伝部員の男に誘われるままに合宿所を出ようとすると、落ち着き払った格好の次男が声をかけた。どうぞこちらへ。暗示にでもかかったように野口は案内されるがままに車に乗ると、次男はただちに運転手に指示をして発車させたのだった。

射止めた！　白昼堂々の脱出である。あまりの大胆さに誰も気がつかない。むしろ、次男の仕草といい車の手配といい、どこか上品な雰囲気を漂わせ、まるで高貴な会にでも招待され、お迎えに来たかのように映ったかもしれない。抜群の演出効果となった。

合宿所から誘い出して来た野口と対面した横沢は、伯爵のセネタースについて丁寧に説明した。急な出来事だったにもかかわらず野口は大学の先輩でもある横沢を信頼したようで、四男四女の大所帯家族であること、代々持っていた土地が徐々に失われていったことなどを話しはじめた。

職業野球の二大エース、野口（左）と沢村（右）

野球界27巻12号　昭和12年9月1日（国立国会図書館　所蔵）

家族を守るためには金が必要だ。一生懸命に働けば、どんな仕事だって立派な職業だ。そんな思いを強く感じるようになると、野口は中退してもよいと入団の意向を示したのだった。

早速、次男は紺屋を営む野口の実家に出向いて両親に会うと、契約の了承を取りつけることに成功した。野口は再び野球部の合宿所に戻ることはなかった。

それからしばらくしてからのことである。有馬の妻の貞子が北白川宮能久親王の第二王女だからであろう。野口を乗せた車には皇室の菊の御紋章があったという噂が、まことしやかに流れるようになった。

横沢は明治大学野球部の卒業生で組織されている駿河台倶楽部を除名され、二度と明治大学の門をくぐることはできなくなってしまった。しかし、そこまでして獲得した甲斐は充分にある。有馬が観戦に来たこの試合では、前日に先発したためベンチにいたが、まだ春季だというのに、すでに一五勝もしていた。

巨人軍の沢村のほうが学年はひとつ上だが、同じ年の生まれである。その沢村が同じ時期に一八勝だから互角の争いといってもいいだろう。有馬は職業野球を代表する若き二人の投手を見守った。

2章 日中戦争

盧溝橋事件

なんとか間に合ったようだ。この日の有馬は朝から近衛との面談を済ませると、省内の担当者らと法案の検討などで大忙しであった。洲崎球場へ到着したのは午後四時をまわっていた。お目当ては巨人軍とタイガースの対戦である。セネタースは甲子園で金鯱軍と試合のため東京を不在にしていたが、有馬は野球観たさに車を飛ばしてきたのであった。

大臣になってからというもの移動はもっぱら専用車で不自由はしない。とはいえ助手席にはつねに私服の刑事が同乗して警護している。ありがたいことではあるが、自分の時間を過ごすときも待たせているようで、いささか気が引ける。なによりもいつも見張られているようで、おちおち遊ぶことすらできないというのが本音かもしれない。悩みは同じようで、ある大臣が警護の目を盗み、そっと出かけたことがあって大騒ぎとなった。

それ以来というもの有馬は自由時間のときには、自分の車を手配するようにして、私設秘書から根回しをして警備を見逃してもらうことにしていた。これなら野球を気がねなく観戦できる。

有馬がスタンドに向かった頃には、初回表の攻撃は終りタイガースが三点を先制していた。一回裏の巨人軍の攻撃に入り、ここから反撃だとファンもグラウンドへ集中した。そこへもたもたと初老の男が入場してきたものだから、客らにとってはじゃまで仕方がない。思わずスタンドから「しゃがめ、しゃがめ」と怒鳴り声がした。いきり立つ観客の視線に大臣も体を小さくして座るしかなかった。まさしくそのときだった。二番の水原が本塁打を放ったから球場は大騒ぎとなった。

しばらくして興奮が鎮まると、客らはようやく農林大臣の存在に気がついたようであった。先ほど大声を発した席のほうから「アッしまった！」という声が聞こえてきた。まがりなりにも国をあずかる閣僚のひとりである。さすがの無礼に恐縮したようだ。

そんな出来事も忘れたかのように、試合が白熱してすすんでいくと大臣も庶民も関係なくスタンドは一体になっていった。巨人軍先発の沢村は前日に右眼を負傷しており、試合直前まで生馬肉で冷やしての登板だった。その影響があったようで初回に失点を許した。二回以降は立ち直ったようで、本来の投球に戻り無失点に抑えると巨人軍は逆転の勝利を収めたのだった。

やはり職業野球はおもしろい。見ごたえのある内容に有馬は満足げだ。嫌になると我慢することなく投げ出してしまうなかで唯一、野球だけは例外であった。学業を忘れて落第するほどの入れ込み具合はいまでもかわらない。大臣の仕事もすこし要領を得てきたから、この分なら時間を見計らって観戦するのもさほど難しくはないだろう。こんどはいつ球場に出かけようか。しかし、そうした有馬の夢を打ち砕くようなたいへんな事態が起こった。

昭和一二年七月七日、中国の北平郊外の盧溝橋付近で、突如、中国との戦闘がはじまったのである。日本軍は夜間演習の最中に銃声があったことから警戒を強めて兵を動かすと、それが相手を刺激したようで交戦へと発展していった。

報せを聞いた近衛は、「まさか、陸軍の計画的行動ではなかろうな」と訝《いぶか》った。以前から不穏な噂を耳にしていただけに心配である。小規模な紛争ではあるようだが、このままだと拡大する恐れがある。

首相はただちに臨時閣議を開いて、これまでの経過や今後の見透しについて説明を聞くと事件の不拡大の方針を決定したのだった。誕生間もない内閣で難しい対応であったものの早めの判断が功を奏して、一一日になると現地では停戦の協定が結ばれたのだった。大ごとにならず、やれやれである。

ところが収束へとすすんでいく、わずかな時間に前後して閣議で異変があった。強気な軍部を背景に陸軍大臣の杉山が兵をすすめることを主張すると、あろうことか近衛は一転、重大な決意だとして派兵を決定してしまったのであった。

近衛の心がわりの真意は計り知れないが、挑発ともいえる姿勢は相手を刺激して危険である。にもかかわらず、近衛は議員代表、財界有力者、新聞、通信社などの関係者を首相官邸に集めて自らの意志を披露すると挙国一致を求めた。出席者は政府の方針を支持し、新聞、通信社の代表も「挙国一致政府の方針遂行に協力」すべきむねを述べた。

中国が硬化したのはいうまでもない。これまでも双方の衝突があったが、そのつど日本は中国を屈服させるという強引な態度で収めてきた。しかし、こんどは違う。度重なる日本のやり方につもりにつもった不満を噴出させると、国民政府の蔣介石は戦うことを決意したのだった。両軍は再び交戦状態へと突入していった。

ここで一気に力を見せつけようと、陸軍は内地の三個師団の動員を決めると同時に、満洲、朝鮮からの増派を受けて現地の部隊は総攻撃を開始した。有馬は閣議で不拡大の方針を議論してい

戦闘があった盧溝橋（山際康之　所蔵）

北支派兵決定

政府聲明

不擴大の方針に基き局地的解決に努力し、

を進むるとともに平和的交渉に應ずるの誠意なく遂に北平に

今次事件は全く支那側の計畫的武力抗日なること最早疑ひ

よって政府は本日の閣議において重大

要の措置をなす事に決せり、

衛の望みを捨てず支那側の速かなる反省によって事態の圓滿

派兵を決定した近衛内閣（右）と
支持する財界（下）
読売新聞　昭和12年7月12日
（国立国会図書館　所蔵）

た頃に、陸軍大臣と海軍大臣がそれぞれの戦闘地域を水面下で決めているのを耳にしていた。やはり、はじめから戦争をするつもりだったのか。すぐに片がつくであろうという読みだったかもしれないが戦闘地域はみるみる広がりを見せていった。

派兵の決定は内閣の判断とはいえ、農林大臣として出席していた有馬の本心はいささか違っていたようだ。有馬は日中が戦闘に入る直前に国民政府の関係者と面談しており、険悪になっている両国について、「過ちはお互いにあるのだと思うから、その点はお互いに遠慮なく論議して、改むべき点は改めることにする必要がある」と発言していた。武力の行使などもってのほかで、まずはお互いの信頼関係を築くことが大事である。

これに対して外務大臣の広田は閣議のなかで、「今日の事態は中国民の侮日抗日に起因する」ものだとして農林大臣の態度を非難した。総理まで経験している広田のことばに有馬は反論することができなかった。

このままだと取返しのつかない事態になってしまう。有馬は外務大臣の言動を憂い、総理についても見切りをつけるように日記に綴った。

総理が最近軍部にひきづられる傾向甚しく、外務も大蔵も如何ともし難い。日本の将来が軍にあやまられることがなければ幸福である。……近衛君は本年中にやめる方がよい

しかし、いくら日記に自分の気持ちをぶつけても大臣らを相手に反対を貫き通したわけではない。重要な判断は首相と陸海軍、外務、大蔵といった主要な大臣によってなされてきたとはいえ、閣僚のひとりとして派兵の決定に同意したには相違ない。戦争という現実に直面した有馬は、農林省としても対応にせまられた。

戦時報道

号外！　号外！　街では緊急を知らせる声が飛び交っていた。どうやら本格的な戦になりそうだ。人々は我先にと新聞を求めた。ある者は勇敢な日本軍の姿に喝采し、またある者は出征していった息子や夫の消息を知ろうと手にした。新聞もそれにこたえようと各紙が競うように記事にした。多いときで一日に六度も号外を発行する社も出るほどであった。

正力の読売新聞社も負けてはいない。連日のように戦闘の様子をいち早く報道していった。

支那軍不法射撃　日本も応戦す
再び日支両軍交戦
北支事変！　皇軍意気揚る
物凄し皇軍の威力
不眠不休！　ただ奮戦　皇軍寡勢群敵を圧す

その見出しは戦火とともに勢いを増していくように見える。

北支事變！皇軍意氣揚る

讀賣新聞

號外

新聞では日本軍の勇ましい様子が伝えられた

読売新聞　昭和12年7月13日号外（国立国会図書館　所蔵）

実のところ正力はこのときを待っていたのであった。つい先日のことである。正力は雑誌『話』の取材に応じて、新聞の購読者を増やすには、「戦争とか、大きな突発事件がなければ駄目なんだ」と力説していた。

たしかに、これまで新聞社は日露戦争や欧州大戦によって部数を伸ばしてきた。ところが正力が読売新聞社の社長に就任した大正一三年以降は、日本にとってこれといった大戦もなく平時が続いた。気まぐれな大衆は安定した暮らしになると新聞の記事に興味を示さなくなった。

そこで頭をひねった正力は、他紙に先んじた企画を立て続けに打ち出し、社長就任時にわずか五万部程度だった発行部数を一五倍にも相当する七五万部へと押しあげた。

昭和九年に、「飛躍読売の三大計画」と銘打って、満洲への招待旅行、美人画贈呈とならんで開催した日米野球大会も、そのひとつである。月極めの愛読者に対して、参加する選手たちの写真集付録の贈呈や、入場券優先引換券の配布などで購読契約を煽った。ベーブ・ルースら全米チームの来日は人気をよび、偽の入場券も出回るほどだった。効果は絶大で、この年だけで一〇万部近くも発行部数を増やしている。とはいえ、あっといわせる企画は、そう簡単に出てくるものではない。

しかし、戦争となれば別である。日清、日露と負け知らずの日本だ。新聞社が工夫せずとも戦そのものが大衆を刺激する。いままさに日中両国の戦闘が激化して正力の思惑どおりの展開になってきた。

絶好の機会が巡ってきた！　迷うことなく正力は、写真部長ほか政治部員、東亜部員、映画の撮影技師という精鋭四名を現地へ派遣することを決めて情報収集を強化した。紙面が充実すれば、さらに部数が増えるはずだと鼻息が荒い。

連日の進撃の様子が街に流れると、国民はその雰囲気にいつのまにか呑み込まれていくようであった。それに乗じるように読売新聞社は、全国民が一致協力して現地の皇軍を支援するとして、こんどは国防献金を募った。集めた資金は軍を後押しするための戦車や飛行機といった兵器になる。

正力が立ちあげた日本職業野球連盟も、さすがになにもしないわけにはいかない。連盟の総裁である大隈信常侯爵は巨人軍の取締役会長を兼任している。実務を取り仕切る連盟理事長の市岡忠男も球団の専務取締役である。特に早稲田大学野球部監督だった市岡は、正力がわざわざ直談判して口説き読売新聞社に入社させた人材である。日米野球では開催の運営を任せ、巨人軍が結成されてすぐの米国遠征でも総監督に指名するなど信頼は厚い。

そのほかにも連盟の組織には巨人軍の関係者として、規則委員の鈴木惣太郎や事務局会計の野口務といった面々が上から下まで送り込まれていたから、正力の意のままである。当初、陸軍省へ直接、献納することも考えたが、読売新聞社に歩調をあわせて国防費献納東西対抗職業野球戦の開催による寄託を決定したのだった。戦争とは無縁なはずの職業野球は、いつのまにか危険な一線を越えていた。

国防費献納試合

洲崎球場で行われることになった国防費献納東西対抗職業野球戦は、巨人軍、セネタースなど全八チームが集まり東と西に分かれて一日四試合を行うものである。愛国心からだろうか、午前一〇時からの試合開始にもかかわらず、朝七時の開門時にはファンでいっぱいになり雪崩を打つように入場してきた。九時には入場お断りの貼紙を出すほどの満員である。なかに入れなかった客が付近にあふれ出すと、洲崎一帯はさながら日本軍の戦勝祝いのごとくお祭り騒ぎになった。

これほど球場がいっぱいになることなどめったにない。普段なら球団もホクホク顔になるところであるが、軍への献納となるとそうもいかない。正面入口には日章旗がはためき、連盟の理事、審判、そして選手全員が左腕に日の丸をつけて、お国のためにと臨んでいる。場内の呼び出し放送でも「所沢航空隊の〇〇さん」といった具合に軍関係の名前がしばしば流れ緊迫感を漂わせた。

知らず知らずのうちに各チームの対戦にも身が入る。張りつめた空気のなかで、ひと呼吸入れるように試合の合間に行われたのは表彰式である。昭和一二年春季リーグ戦を制した巨人軍にペナントと優勝盃が授与されると、続いて打率・三三八で首位打者になったタイガースの松木謙治郎に楯と銀製バットが渡された。

最後にリーグ二年目のこの年から新たに制定された最高殊勲選手の表彰である。連盟の役員らと東京、大阪の運動倶楽部の記者によって構成された選考委員会は、投票によって巨人軍の沢村、タイガースの松木、そしてセネタースの苅田という上位三名を候補者として選出した。くしくも投打守それぞれの分野で卓越した実力の持ち主たちである。投手の沢村は勝数、防御率のいずれも一位だ。松木は首位打者を獲得している。それに比べて苅田は無冠であったものの、記録では

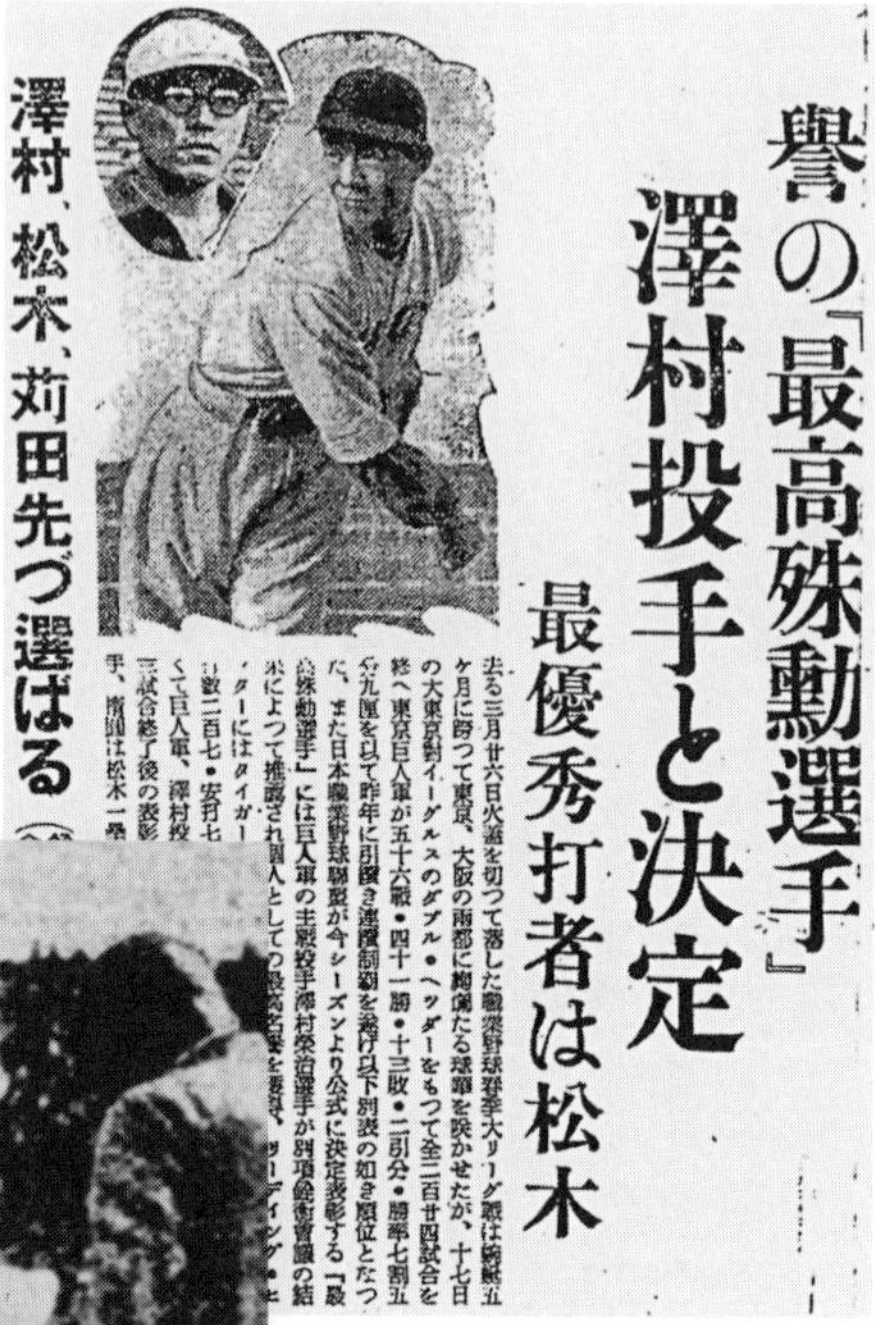

譽の「最高殊勲選手」澤村投手と決定
最優秀打者は松木
澤村、松木、苅田先づ選ばる

去る三月廿六日火蓋を切つて落した職業野球春季大リーグ戦は[illegible]五ヶ月に跨つて東京、大阪の両都に絢爛たる球華を咲かせたが、十七日の大東京對イーグルスのダブル・ヘッダーをもつて全二百廿四試合を終へ東京巨人軍が五十六戦・四十一勝・十三敗・二引分・勝率七割五分九厘を以て昨年に引續き連覇制覇を遂げ以下別表の如き順位となつた、また日本職業野球聯盟が今シーズンより公式に決定表彰する「最高殊勲選手」には巨人軍の主戦投手澤村榮治選手が別項銓衡會議の結果によつて推薦され個人としての最高名誉を獲得、リーディング・ヒ…ターにはタイガー…

最高殊勲選手に選ばれた沢村
読売新聞　昭和12年7月18日
（国立国会図書館　所蔵）

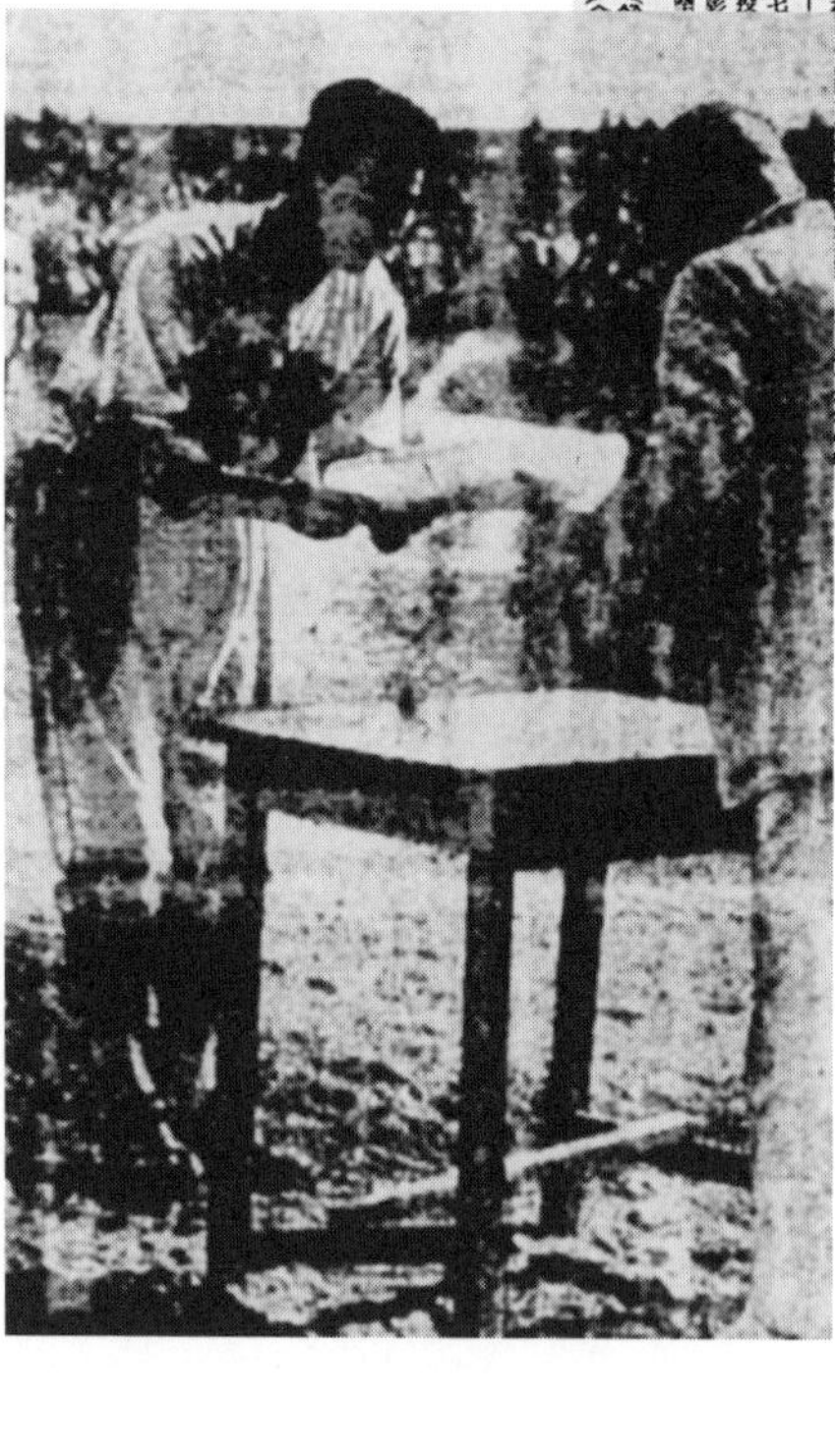

表彰を受ける沢村
読売新聞　昭和12年7月18日
（国立国会図書館　所蔵）

表すことのできない鮮やかな守備が評価されたのであった。

　審議の末、最終的に選ばれたのは、二四勝四敗、防御率〇・八一という見事な成績で巨人軍を優勝に導いた沢村であった。表彰式で総裁の大隈から賞状、賞金、表彰盃を贈られると彼は笑顔を見せた。しかし、その表情はどこか不安げにも感じられた。

　熱の入った試合に訪れた客も満足したようで、国防費献納試合は成功裡に終った。目的の献金も充分な額である。入場料は指定席一円、内外野の一般席五〇銭、軍人や学生は半額割引きとしたが、指定席九四〇枚、一般席九三五四枚の売上げとなり前売り手数料などを除く収入は五六三八円一〇銭だった。選手や審判の交通費、食費といった経費による支出を差し引くと収益、すなわち献納金額は四三八一円六二銭にもなる。各球団を代表する連盟の理事たちは色めき立った。これだけの興行収入はめったにないことである。

　早速、市岡をはじめとする理事らは先陣をきって読売新聞社に出向くと献金を手渡した。さぞや正力も満足しただろう。これぞお手本だと読売の紙面では写真入りで掲載した。

　新聞の影響力は絶大だったようで、翌日から呼応した尋常小学生から老人にいたるまで、年齢や職業、男女関係なく人々は読売の本社へ殺到するようになっていった。なかには血液を売って献金してくる学生の一団も登場するほどである。

　成果は膨大な献金額となって表れた。日本職業野球連盟からの金と一般から広く集めた国防献金は二〇万円を突破した。読売新聞社は第一次の費途として陸軍へ軽装甲車代一〇万円、また海軍へは陸戦隊用の戦車代一〇万円を納めたのであった。

先陣をきって献金した連盟

読売新聞　昭和12年7月21日（国立国会図書館　所蔵）

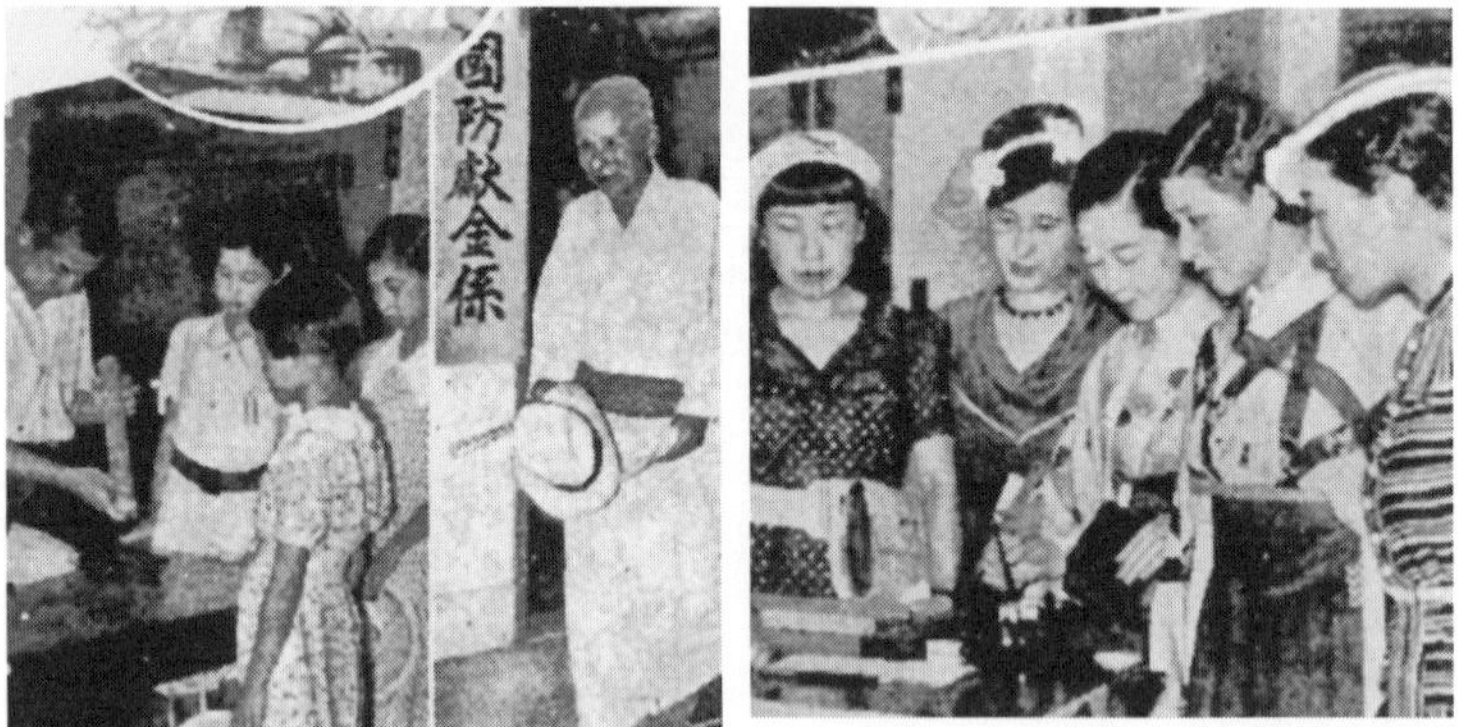

献金に訪れた人々

読売新聞　昭和12年7月22日（国立国会図書館　所蔵）

いち早く献納というかたちで国の政策に賛同した正力の読売新聞社に対して、近衛首相は「全国民が一致団結、政府を支持して時艱克服に邁進されつつあるは誠に感謝に堪えない」とし、「国民的国防達成の上に最も有意義な企てにして、深く感謝の意を表する次第である」と賞賛した。ひとつの新聞社に対してこれだけの談話を割くのは異例ともいえよう。近衛と正力が接近した瞬間だった。

連盟の献身的な取組みの反面、選手たちはというと、どこか沈鬱な表情である。とりわけ沢村が気になる。それもそのはずで、彼は郷里の三重で徴兵検査が待っていたのである。

よりによって徴兵検査の対象になる年に戦争になるとは、なんという巡りあわせであろうか。国は派兵を決定しているから兵を増員することは間違いないだろう。多くの者が大陸行きとなり、それは死の可能性を意味する。若き投手は動揺を隠せなかった。

ライオン軍登場

戦闘の拡大とともに新聞の競争が激化していくなかで、好調に購読者を増やす社もあれば、明日をも知れない状況に陥る社もある。大東京軍を経営する国民新聞社は赤字続きで、親会社である新愛知新聞社からの持出しは、三、四年の間に三〇〇万円を超えていた。職業野球ができるまでの過程で、正力に対抗して別のリーグを興そうと闘志を燃やしていた代表取締役の田中であったが、それどころではなくなっていた。

煽りを食ったのは選手たちである。毎月二五日は給料の支給日になっていたが、球団の実務的な責任者である常務の鈴木龍二は、「今日は月給が出ない。みんな明日また来てくれ」と頼み込んでいたほどだった。

首の皮一枚で、このままだと球団が持たないだろう。もう国民新聞社を当てにしてはいられない。一刻も早く資金を援助してくれる先を探さなければと、龍二は歌舞伎から財界まで多彩な交友関係を持つ監督の小西得郎《とくろう》に相談してみた。すると小西は早稲田大学時代に左腕投手として名を馳せ、いまは印刷業界大手の共同印刷の重役である大橋松雄の名前をあげた。

野球には理解があるはずだ。すぐさま二人は大橋に会うと事情を説明した。すると彼は意外にも軽く承諾したのだが、あくまでも資金は個人によるもので、安定した収入を得るためにはしっかりとした会社を探すべきであると釘を刺した。そして大橋はチームで会社の宣伝をするかわりに資金の援助を得る方法を指南した。おまけに商品の包紙などの印刷で取引きをしていた、ライオン歯磨を製造、販売する小林商店を紹介してくれたからいうことがない。

これはいいことを聞いた。早速、龍二と小西は小林商店へと向かった。応対に出たのは社長の小林喜一である。就任して間もない三六歳の若き社長は話を聞くと職業野球に興味を示したようで、なんともありがたいことに、「よろしい、出しましょう」とスポンサーになることに同意してくれた。

協議を重ねて決定した契約は、チーム名を歯磨の商品名であるライオンとして、ユニフォームに商品名をつけること、そしてリーグ戦以外の期間は地域を巡業するといった条件で、一カ月八〇〇円を出資するというものだった。立教大学を中退して入団してきた坪内道則の月給は、銀行の大学卒初任給七〇円の倍近くの一三〇円である。だとすれば八〇〇円で二〇名ほどいる選手のうち六名はまかなうことができる。龍二にとっては願ってもない内容であった。

一方、社長の喜一にも狙いがあった。そもそも新興事業である職業野球に興味を示した背景には、創業者の小林富次郎が、「歯磨は譬《たと》うれば一つの植物である。植物は常に肥料を要す。肥料がなければ育成せずに終《つい》には枯死する。この肥料は即《すなわ》ち広告である」として、広告、宣伝に力を入れることを経営方針にしてきたからである。

小林商店は、明治二四年に創業したが、当時、歯磨の分野において後発であったことから富次郎は、宣伝歌の創作と楽隊による全国宣伝巡回を皮切りに、商品の購入者を大相撲に招待する販売促進や通天閣への野外広告塔の設置といった斬新な施策を次々に実践していった。

なかでも明治三一年に富次郎が最初に手がけた宣伝活動は、楽隊を編成して「ライオンはみがき」と書かれたのぼりを五〇～六〇本立てながら宣伝歌にあわせて練り歩く全国宣伝巡回であった。物珍しさも手伝ってか、楽隊は街々で大いに人気を博した。東京からはじまった巡回は名古屋、関西を経て広島までおよび、地方への販路を広げていったのである。

龍二らとかわした契約のなかにあったチームによる地域巡業という事項は、こうしたひな型に基づいた提案である。契約に記載されたそのほかの内容についても過去の経験が下地にあった。

明治三三年には、新製品の発売にあわせて歯磨三個を買い求めた顧客に対して、無料で大相撲に招待する販売促進を実施している。大相撲場所終了後に引き続き二日間の興行を買い取り実現したものである。入場者は特別優待者も含めて二万人にも達し、新製品の販売を軌道に乗せる成

ライオンの化粧まわしを
つけた常陸山
（山際康之　所蔵）

通天閣の広告（山際康之　所蔵）

果となった。このとき観戦に来た客を喜ばせたのが、人気の常陸山がライオン歯磨の象徴である獅子の化粧回しをつけて登場したことである。

歯磨を購入して大相撲に訪れた顧客に対して視覚で印象づけるという、抜群の宣伝効果が加わった。チーム名をライオンとしてユニフォームに名称をつける契約にしたのも頷ける話である。本来、チーム名であれば、「LION」の文字のあとに複数形のSをつけるはずである。喜一は英国に留学していたから英語は堪能で充分に承知しているが、あえてつけなかったのは商品名へのこだわりである。LIONの名前が入ったユニフォームで選手たちがプレーすれば、きっと客は商品に愛着を持ってくれるに違いない。

これまで商店のなかで広告、宣伝活動を担当してきたのは広告部であった。三代目になる社長の喜一も入社した頃に所属していたほどの中核部門である。ライオン軍の運営も広告部が担うことになった。

広告部を率いるのはちょびヒゲをはやした部長の平野次郎である。彼は一一歳の時に新潟から上京して小林商店に入店すると広告畑を歩み続け、丸ビルのショウルームなどを手がけてきた。部には催し物などの販売促進を行う担当のほかに、図案と文案を担当する専門職がいた。画室とよばれる部屋には図案担当として、フランスのサロン・ドートンヌで入選した洋画家の北島浅《あさ》一《いち》や童画家の河目悌《てい》二《じ》がいた。また商業美術ということばを広めた浜田増治も在籍していたから、そうそうたる顔ぶれである。文案担当も北原白秋主宰の雑誌で作品発表していた詩人の大手拓次らがおり、いずれも小林商店の仕事と並行して外では創作活動を行う作家だった。才能あふれる

ユニフォームに
LIONの文字

国民新聞
昭和12年8月1日
（国立国会図書館　所蔵）

ライオン軍改称試合の広告

読売新聞　昭和11年10月25日（国立国会図書館　所蔵）

人材が集まる広告部は創造的な空間といえた。

これはおもしろくなってきた。職業野球を用いた新たな宣伝活動である。部員たちの士気もあがる。平野はライオン軍をお披露目するための企画を急いだ。

チームの内紛

胸にＬＩＯＮの文字が縫いつけられたユニフォームに袖を通した選手たちはイキイキとしていた。球場ではライオンへの声援が飛び交うようになり人気も上々である。西宮球場で昭和一二年秋季リーグ戦がはじまると、新しく生まれかわったライオン軍は見違えるような戦いぶりで、ひとつ前を走るセネタースまであと一歩とせまっていた。

ライオン軍の好調に対してセネタースはというと、春季に三位だった勢いがなくさっぱりである。このままうかうかしていると獅子に襲いかかられてしまう。よく見ると選手たちは監督の采配どおりに動いていないようだ。

もっともな話で、前年のリーグ戦から選手たちの間で監督への不満が噴出していて、意思の疎通が滞りがちになっていた。ことの原因は監督の横沢が試合での出来を、あいつはろくな選手じゃない、へたくそでエラーばかりをするといった具合に本人のいないところで吹聴していたところにあった。そうした陰口は必然的に選手たちの耳にも入る。面と向かってならまだわかるが、陰でいわれては選手にとってはたまったものではない。いつしか不信感へとつながっていった。

「あの監督のもとでは、とてもじゃないが野球はできない」

耐えられなくなった選手たちは、いつのまにか集まると気勢をあげるまでになった。反監督派の急先鋒は苅田と二遊間を組んでいた中村である。

このままではやってられない！　中村は頼りになるのは苅田しかいないと訴えた。話を聞いた苅田は後輩の気持ちがよく理解できた。なにせ自分自身も監督に対して疑問を持っていた。ある試合でエラーした際に、ベンチへ戻ると聞こえよがしに皮肉られたことがあった。守備の戦術でも野球観の相違があり、どうもしっくりこない。

たとえお偉いさんであろうが筋がとおらなければ妥協はしない。いつもなら、こうしたときにかわいい後輩のためにと先頭に立つのが苅田である。しかしどうしたことか、今回だけは借りてきた猫のようにおとなしい。本当のところ彼にも事情があった。それは同じ法政大学でプレーをしていたタイガースの若林忠志から誘われ、移籍する手はずになっていたからだ。若林が声をかけたのも相手のベンチから不穏な様子を見てとれたからであろう。

セネタースもいいが、やはりやるからには勝ちたい。タイガースは実力のある選手たちが揃っているから優勝も夢ではないはずだ。それにリーグが発足して間もないため移籍の規程もあいまいで都合がいい。なによりも若林から提示された契約金額は支度金一万円、月給はセネタースより一五〇円も高い四〇〇円だから申し分ない。

苅田は支度金の半分である五〇〇〇円をとうに手にしていた。それどころか金はとっくに呑み代と消えて手元には一〇〇〇円ほどしかなかった。いまさら移籍できないとはいえるはずもない。

そうとは知らない中村は、ぜひとも一緒に監督の排斥運動に加わってほしいと連判状まで持ち

セネタース監督の横沢

スポーツ日本417号　昭和16年9月14日（山際康之　所蔵）

監督と対立する苅田（中央）と中村（右）

野球界27巻8号　昭和12年6月1日（国立国会図書館　所蔵）

出してきた。中村は真剣そのもので、もし要求が受け入れられなければ辞める覚悟だという。そこまで聞くと、さすがの苅田も見過ごすわけにはいかなくなった。気がつけば反監督派の旗頭として球団に連判状を出すと、栃木の鬼怒川温泉に籠城して交渉するまでになっていた。

そういえば以前、苅田が巨人軍を退団になったのも、もとはといえば支給された金に不満をあらわにしたことによるものであった。日頃から歯に衣着せぬ発言で我が道を行く態度を持て余していた球団は、苅田が猩紅熱《しょうこうねつ》にかかり休養しているのを、これさいわいとクビにしてしまったのである。しかし、その影響は大きく、同僚の処遇に疑問を持った水原茂や田部武雄ら選手が正力に連判状を提出するまでの騒ぎになり、巨人軍は上から下まで混乱した。どうも、この男の行く先々にいざこざがつきまとうようだ。

セネタースのゴタゴタが表面化すると有馬の耳にも入ってきた。選手たちの主張、片や監督のいい分、それぞれの意見が入り乱れた。苅田と中村も有馬のもとへ直談判に訪れた。

とうとうチームは主将の大貫賢や横沢の弟らの監督派と、苅田、中村らの反監督派で二分されてしまった。いつのまにか球団の西武鉄道系の役員は監督を支持し、有馬の周辺にいる役員は苅田を擁護したから複雑である。もう、こうなってしまうと混乱は深まるばかりで、元の鞘に収まることは難しい。

長引く騒動は結局のところ成績に映し出される。所詮、勝負の世界は結果である。低迷するセネタースの責任をとるかたちで、横沢が身を退くことになると騒動は収束へと向かっていった。監督側にいた球団役員が去り、選手たちも移籍や退団することになった。チーム内の顔ぶれが反監督派にまとまってくると、これまで運動を先導してきた莇田が監督に指名されたのだった。

有馬もこれでひと段落といいたいところであるが、まだ問題が残っていた。莇田が呑んで使ってしまった支度金五〇〇〇円を球団が肩代わりしてタイガースに返金すると、若林との約束を白紙に戻したのである。球団にとってはとんだツケとなった。

純粋に野球だけを観ていれば楽しいが、なんとも厄介な話だ。有馬は球団発足時に西武鉄道取締役の佐藤らと協力して、駒井らの一派を排除して体制を整えてきたが、こんどはその西武との派閥争いに発展した。さまざまな思惑が交錯する球団組織の難しさを痛感するばかりであった。

職業野球初の戦死者

徴兵検査は、前年の一二月二日から当年の一二月一日に満二〇歳に達した者が対象となり、本籍地で四月一六日から七月三一日までの間に行われる。

巨人軍では沢村のほかに、球を受けていた捕手の内堀保と内野手の筒井修が同じ大正六年生まれで該当者だった。筒井は国防費献納試合の際に欠場して故郷で徴兵検査を受けていた。沢村と内堀にも期日がせまっていた。

徴兵検査は身長、体重、胸囲、視力、聴力の計測のほかに、胸部などの内科検診が行われる。結果は、甲、乙、丙、丁、戊の各種に区分され、このうち甲、乙、丙種が兵役適格と判断される。特に、甲、乙種は現役兵として全員がすぐに入営することになる。

合否は学力や職業に関係することはない。肺結核などの感染力の強い病は別にして、あくまでも見た目の頑丈さである。当然ながら一般人と比べて体格が勝る職業野球選手は、ちょっとやそっとではねられることなどないだろう。

タイガースの松木は、昭和七年に徴兵検査を受けていた。嘘か誠か、当時、二〇貫（七五キログラム）以上の者は、食事の量も二人前ということで丙種になり兵役を免れたというが、あくまでも平時の話である。戦時のいまでは、こうした判断は考えられまい。

選手のなかには、目が悪ければ兵役免除になるのではないかと、他人の眼鏡をかけたり、暗がりのわずかな電球の明かりで本を読んだりする者がいた。また飯も食わずに酒ばかりを飲んで下痢をするなど空頼みする輩もいた。だが、まじめな沢村にそうしたことができるはずもない。検査の結果、やはり沢村は合格だった。同じく入隊と判断されてチームに戻ってきた内堀の顔を見るなり察したようで、「オレも甲種合格だ」とポツリと告げた。とうとう不安は現実となってしまった。

さらに追い打ちをかけるように衝撃的な一報が入ってきた。まだ戦闘がはじまって一カ月も経っていないというのに、名古屋軍にいた後藤正が戦死したのであった。立命館大学出身の後藤は、球団発足時の一塁手で前年のリーグ戦では五番を打ち活躍していた。職業野球選手初の犠牲者である。

あまりにも早すぎる死だ！　若者が戦争で命を落とすなどご免だ。親身になって若い選手たちの世話をしていた、マネージャーで連盟理事の赤嶺昌志は悔しさでいっぱいだったに違いない。

そんな憂いを無視するかのように、盧溝橋からはじまった戦闘は激化していき、とうとう上海

後藤幹部候補生
譽れ輝く戰死
名古屋軍の元選手

北支に活躍中の〇〇部隊幹部候補生後藤正氏(二七)は某地點で名譽の戰死を遂げた旨四日某所入電があつた同氏は職業野球團名古屋軍の元選手として鳴《な》らした人である

後藤氏は神戸第一神港商業時代から名一塁手として知られ、立命館大學に進み、昨年職業野球團名古屋軍に入り、その鮮かな捕球ぶりは職業團中でも斷然光つてをり、名古屋軍が職業聯盟第一回東京大會に優勝した時もその功績は大きなものがあり、

性質は快活、眞黒に日燒けした顔に白い齒を出して笑ふところなど愛嬌百パーセント遠征の時など一人で振まいてゐた快青年

職業野球選手初の犠牲者となった名古屋軍の後藤

新愛知　昭和12年8月5日
（国立国会図書館　所蔵）

一塁手で健闘した後藤

（山際康之　所蔵）

にも飛び火していった。現地で海軍中尉が射殺されたことを機に不穏な空気が漂いはじめた。上海には三万人近くの日本人がいる。近衛内閣は、「一刻も早く居留者を保護せねばと、「南京政府の反省を促すため、いまや断固たる措置をとる」と声明を発表した。そして自衛行動だとして攻撃の命令が下されたのだった。

こうなると全面戦争といっていい。危険な情勢を裏付けるように、またしても職業野球選手の命が奪われた。それは有馬にとって衝撃的だったはずである。

その選手こそ、つい先日セネタースへ入団したばかりの外野手の中尾長《ひさし》だった。中尾は契約を済ませると、すぐに出征したのだが、河北省の高地での突撃戦で頭部を射抜かれ名誉の戦死を遂げたのだった。選手登録して、わずか二カ月後のことである。

中尾は広島の名門中等学校である広陵で春、夏の甲子園に六回も出場し優勝一回、準優勝三回という輝かしい実績を残している。明治大学へすすんでからも俊足の外野手として鳴らした。最上級生のときにはチームをまとめる主将に抜擢されている。

彼の魅力は野球だけにとどまらない。六大学一の美男子という呼び声のなか日活映画から勧誘があったほどである。その誘いを振り切り、卒業後は川崎造船所に勤務していたのだが、少年時代から続けてきた大好きな野球を忘れることができなかったのだろう、都市対抗野球大会でも優勝している強豪の門司鉄道局へ移った。その思いは膨らみ続け、やがてセネタースでプレーすることを夢見た。だがリーグ戦に出場する願いは叶わなかった。

以前から有馬は神宮球場へ通い六大学野球を観戦していたから、明治大学時代の中尾の雄姿を

映画会社から勧誘があった中尾

野球界23巻3号別冊付録
昭和8年2月1日
（山際康之　所蔵）

元明大野球部の花
中尾選手戰死す
駿足に鳴る名中堅手

【廣島電話】元明大野球部主將中

る九月十九日壯烈な戰死を遂げた
部十七日原隊から發表された
同君は廣島市仁保町出身、昭和
五年廣陵中學卒業後明大豫科に
入り同九年商學部卒業、出征前
までは門鐵に勤務してゐた
かつては明大野球部の黄金時代を
つくり明大では中堅手として駿足
を謳はれ第廿三代目の主將として
球界に貢獻した外人來朝後職業野球
セネタースに契約し將來を嘱目さ
れてゐただけに野球ファンから痛
惜されてゐる
實家を訪へば義父千代吉氏は語
る「九月に叔父にあたる高尾准
尉からの便りで戰死を知つてゐ
ましたが御國のために死んだの
ですから本人も滿足でせう」＝
寫眞は中尾選手

リーグ戦に出場することなく戦死したセネタースの中尾

読売新聞　昭和12年11月18日（国立国会図書館　所蔵）

直接、目にしていただろう。内閣の一員として下した派兵の決断が、まわりまわってまさか自分のチームの選手にまで波及して犠牲者を出してしまうとは、なんとも悲しすぎる。

農林大臣に就任してすぐに戦争がはじまった。有馬はこの四カ月余りの急速な変化についていくので精いっぱいだったかもしれないが、いまや自らの言動、そして国家としての意思決定が人々の運命をかえていくという立場にある。有馬は、その重要性にまだ気がついていなかった。

不振の理由

あれほど春季リーグ戦で健闘していたセネタースの野口であったが、どうも元気がない。春は一九勝七敗、防御率一・五八と抜群の成績であったにもかかわらず、秋季に入るとその実力がめっきり影を潜めて負けが込んでいた。監督の排斥運動によりチーム内がまとまらず試合に集中できなかったのか。

競っていた沢村もまったく精彩がない。技術的に見れば職業野球全体の打撃力の向上があげられる。過度な登板による疲労が蓄積されていたことも要因だろう。日米野球の頃から沢村を知る球団のビジネスマネージャーの鈴木惣太郎は、恋の悩みではないかと心配した。

だが、二人の若者にとっては、もっと深刻な原因があった。それは戦争という現実である。年明けの入営まで、あとわずかだ。刻々と時間がせまるなか九月下旬過ぎになると、所属する部隊が記載された現役兵証書が本籍地より交付された。野口は、「名古屋第三連隊」、そして沢村は「三重県久居歩兵三十三連隊」と記されていた。

兵隊になれば死が待っている。現に身近な選手が命を落としている。戦死したセネタースの中尾は、野口にとって明治大学の先輩だ。中尾の卒業と入れ違いに野口が入学したため同じグラウンドに立つことはなかったが、職業野球では一緒にプレーするはずだった。沢村のもとにも出征していた巨人軍捕手の中山武が上海での戦闘で負傷したという話が伝わってきた。心は不安から死の恐怖へとかわっていった。

巨人軍の優勝は沢村の出来いかんだから監督の藤本も心配である。それまで沢村は、藤本が投球術の注意点について書いたメモを見せても「ど真んなかにほうっても、よう打ちませんわ」とうそぶくことがあった。元来の負けず嫌いである。そんな彼だから、監督に泣きごとをいうこともなく淡々としていたが、やはり投法は正直であった。心の変化はすぐに表れた。

それまでとは違う沢村を金鯱軍外野手の島秀之助は見逃さなかった。もともと沢村の投法は日米野球の際に当時、監督だった三宅大輔の指導により一から身につけたものだった。それは足を直線のまま三塁方向へあげ、身体を後方に曲折《かねお》りして反動を利用する投げ方である。ところが秋季になると、これまでに増してえらく足をあげて投げるようになっていた。

法政大学出身の島は、大学時代に苅田と一緒にプレーしてチームを優勝に導いた選球眼のいい俊足の打者である。昭和一一年二月に巨人軍と金鯱軍の職業野球チーム同士の初の試合が行われ、一番打者の島は沢村と対戦した最初の選手だった。以来、リーグ戦がはじまってからの直接の対戦は五試合ほどであったものの、助監督を兼任していたこともあり、登板した試合はつぶさに見てきた。微妙な投球動作の違いはすぐにわかる。島は若き投手の変化を察した。

投法に変化があった沢村

野球界27巻5号　昭和12年4月1日（国立国会図書館　所蔵）

沢村と再会を誓った内堀

野球界27巻5号　昭和12年4月1日（国立国会図書館　所蔵）

昭和一二年秋季リーグ戦はタイガースが投打による圧倒的な存在感を見せつけた。終ってみれば二位の巨人軍に九ゲームもの差をつけての優勝となった。九勝六敗だった沢村は成績以上に内容が芳しくなく、スタンドから「投手かわれ」と野次が飛ぶ有様であった。彼の調子は、そのままチームの順位に反映した。

野口も一五勝はしたものの負けも同じく一五敗で防御率も二・九〇と、春季に比べると物足りなかった。セネタースもやはり春の三位から五位へと後退してしまったのだった。

すべての試合が終ると、いよいよ入営するための準備だ。沢村、そして筒井と内堀は最後の別れだと三人だけの会を開いた。湿っぽい話はご免だと、お互い努めて明るくふるまってはみても、やはり気になるところは誰しも同じで軍隊のことである。

生きて帰って再びユニフォームを着ることなどもうあるまい。筒井はヤケになっていた。内堀もお国のために命を捧げるつもりでいたが、いざ、そのときを迎えるとやはり複雑だった。長崎商業に在学していた彼は卒業間近にもかかわらず、発足したばかりの巨人軍の米国遠征に参加するために、わざわざ中退までして入団していた。それなのに野球を捨てて戦地に赴かねばならないとは。二〇歳といえば選手としてはまだこれからである。無念で仕方がなかった。

沢村も思いは同じであったに違いない。正捕手として一年間、球を受けてきた内堀は別れ際に叶わぬ夢と思いつつも沢村と約束した。

「もう一度バッテリーを組み、野球をやろう」

入営の日が近づいた。

3章 兵力増強

強気な姿勢

昭和一三年一月一〇日、沢村は入営の日を迎えようとしていた。彼は読売新聞の取材に対して、「僕は自慢じゃないが人一倍強い腕を持っていますからボールの代わりに手榴弾を投げるときでも普通の者より遠くまで投げることができ、また僕が投げればコントロールは百発百中間違いないです」と語った。そして、除隊後は職業野球へ復帰するかとの問いに、「勿論です」と答えると連隊の営門をくぐっていった。

巨人軍からは沢村のほかに内堀、筒井が出征する。すでに年末にかけて各チームからも多くの選手が入営していた。セネタースからは苅田と組んで一〇〇万ドルの内野陣とうたわれた中村も軍隊に引っ張られてしまった。沢村らを含め、この年度の現役兵は、陸軍、海軍あわせて約一八万七〇〇〇人にもおよんだ。

戦火は盧溝橋から北支那周辺へと拡大していた。上海でも攻撃が開始されたが、予想だにしない反撃は兵士たちを苦しめていた。中国の兵力は相当数でなおかつ、この地域特有の縦横に連なるクリークとよばれる水濠が前進の妨げになった。敵は地の利を活かした戦術を駆使し、渡河しようとする日本軍の兵士は絶好の標的である。手間どる陸軍は師団を増派した末、ようやく一帯を占領するにいたった。しかし、日本軍の被害は甚大で、上陸から三カ月経たずして戦死者九一一五名、負傷者三一万二五七名の犠牲を出していた。

それでも戦いは終ることはなかった。一度、勢いがついてしまうと止めることは難しい。首都を制すれば屈服するに違いない。上海から中国軍が退却するなか、次の目標を、「敵国首都南京を攻略すべし」と定めたのだった。

敵が構える南京城は、高さ一八メートルの城壁で、その外側は水濠をめぐらせている。城を包囲しながら攻撃する日本軍に対して、中国の国民政府は長期抗戦するとして重慶に遷都を決め、蔣介石ら指導者たちは南京を離れていった。こうなると強固な陣地とはいえども戦意は高まらない。攻撃の手を緩めない日本の部隊は次々と城周辺を制圧し、ついに入城をはたした。

兵士たちの勇敢な戦いぶりに、読売新聞は南京城入場式の様子を写真入りで大きく報じた。敵の首都である南京陥落という報せは、いままさしく購読者が待っていた記事そのものである。これで息子や夫も無事に戻ってくるに違いない。敵を撃破していく状況を報道で知った国民は沸きあがり、街では提灯行列がくり出された。

おのずと政府も強気になってくる。一月一六日、戦勝気分のなか南京攻略後の中国に反省の姿勢がないと、「国民政府を対手《あいて》とせず」という声明を出した。実は外務大臣の広田は中国駐在ドイツ大使のトラウトマンを仲介にひそかに和平工作をすすめていた。上海上陸後にはじまった交渉であったが、南京を攻撃する頃には戦局は大きくかわっていた。日本の有利は明らかである。そこで日本政府は和平条件をつりあげた。一方的な要求に中国が難色を示したのはいうまでもない。

中国からの明確な回答がない状況で、軍部中枢の陸海軍両統帥部は、真意を探るためにねばり強い交渉をすすめることを望んだ。これに対して近衛や広田は誠意がないとしびれを切らし、交渉打ち切りを主張した。いつのまにか軍と政府の立場が逆になっていた。

南京入城式は写真入りで大きく報道された

読売新聞　昭和12年12月18日（国立国会図書館　所蔵）

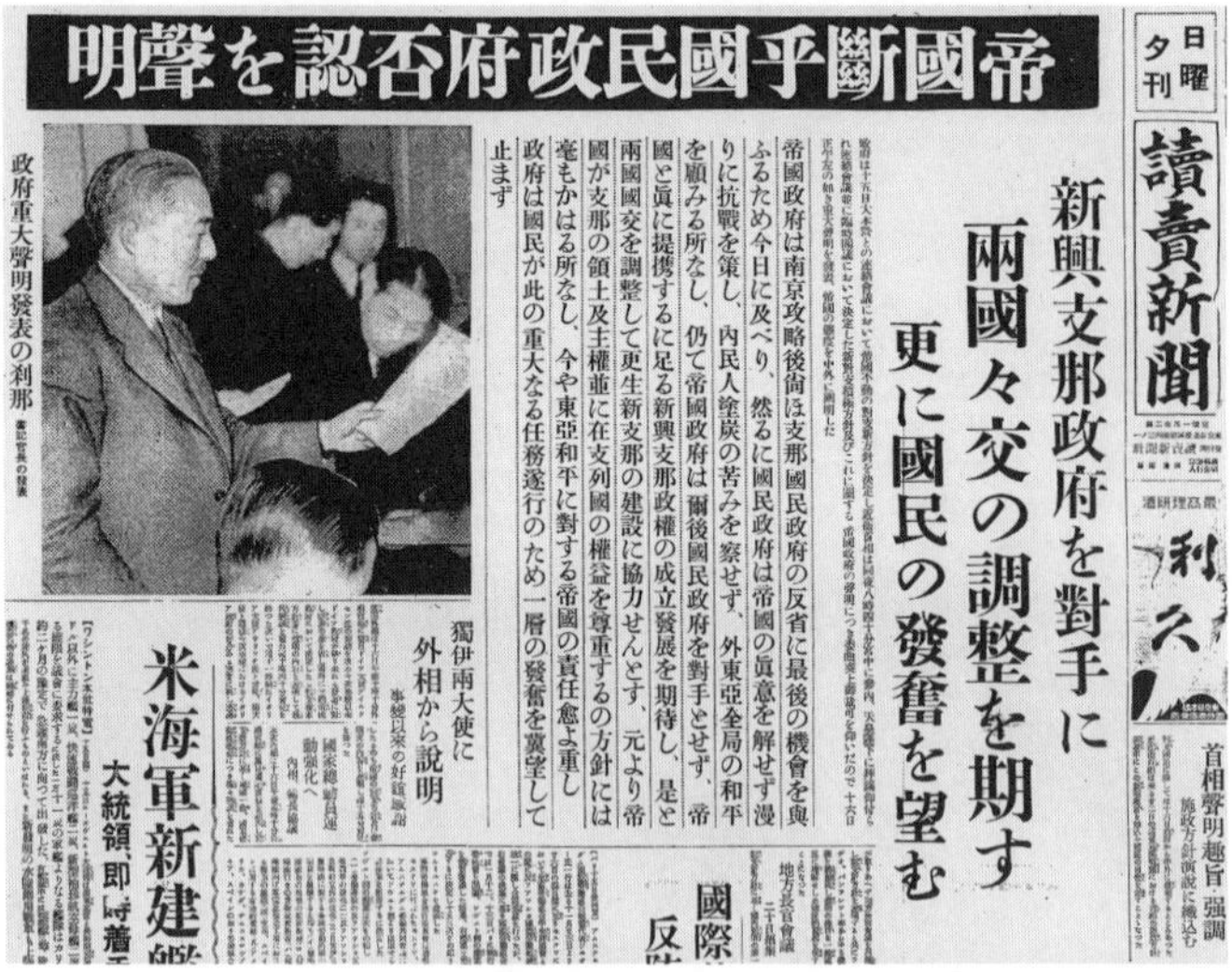
日曜夕刊

讀賣新聞

帝國斷乎國民政府否認聲明

新興支那政府を對手に
兩國々交の調整を期す
更に國民の發奮を望む

帝國政府は南京攻略後尙ほ支那國民政府の反省に最後の機會を與ふるため今日に及べり、然るに國民政府は帝國の眞意を解せず濫りに抗戰を策し、內民人塗炭の苦みを察せず、外東亞全局の和平を顧みる所なし、仍て帝國政府は爾後國民政府を對手とせず、帝國と眞に提携するに足る新興支那政權の成立發展を期待し、是と兩國國交を調整して更生新支那の建設に協力せんとす、元より帝國が支那の領土及主權並に在支列國の權益を尊重するの方針には毫もかはる所なし、今や東亞和平に對する帝國の責任愈よ重し政府は國民が此の重大なる任務遂行のため一層の發奮を冀望して止まず

政府重大聲明發表の刹那

獨伊兩大使に外相から說明

米海軍新建艦
大統領、即時着手

首相聲明趣旨強調

政府は「国民政府を対手とせず」を表明

読売新聞　昭和13年1月17日（国立国会図書館　所蔵）

いまや国民の間でも和平無用論が唱えられている。広田が閣議で意見を求めると、大臣たちは、「国民政府を対手とせずとの声明をなし、次のステップに入るべきこと」との意見で一致したのだった。それが強気ともいえる声明につながったのだが無論、有馬も、それに同意したひとりである。彼は決意を日記に書き残した。

これにていよいよ本格的になる。今後は決心を新にし我国存亡をかけての大仕事にかかることになる

中国に対して高圧的とも受けとめられる近衛内閣の姿勢に世論は英断なりと支持した。これまでの総理は軍人や政党からの政治家であったが、華族出身の近衛はこうした背景を持たない。唯一、彼の原動力は国民の声である。歓迎する人々の声に近衛も満足したはずである。

戦争が拡大すれば新聞が書き立て大衆が熱狂する。そして近衛は迎合するように方向性を示していく。だが人間の心理はその場の感情に左右されやすい。大衆政治の危うさである。

こうした近衛の政治的な背景は、伯爵で華族出身の有馬にも通じるところがある。社会の動きに敏感に反応してしまう。事実、彼の発言に変化が起こっていた。

有馬は中国との戦争について、「領土獲得などは勿論考えていない」としたものの「日本は自衛のために支那の赤化を防ぎ」と正当化をしはじめたのである。さらには、「出征将兵の身の上を考えまするときにいたずらなる多くの犠牲をはらうことは決して望んでいるものではない」としながらも、「希望の達せられるまで相当の犠牲をはらってでもこの戦争を有利に有効に終局させなければならぬことは当然」だと口にした。

戦争直前には日中関係について、「お互いに遠慮なく論議して、改むべき点は改める」と述べていたはずである。つねに相手の立場に立って取組んできた奉仕活動をしていた頃の有馬ではもうない。

新兵の一日

これから、軍隊でのどんな生活が待っているのであろうか。入営したての若者たちは、まだ見ぬ世界に不安でいっぱいであった。それまで野球漬けだった沢村や野口も同じ心境であろう。

初年兵はまず、軍服、軍帽から背嚢《はいのう》、水筒、食器といった必需品を渡されると、軍曹などが班長を務める十数名の内務班にふり分けられる。これから古参兵も交えた同じ部屋で起床から消灯までをともにするのである。初日の夕食は歓迎も込めてなのだろう、なかなかのご馳走である。

翌日からは兵隊としての本格的な訓練が開始される。上官は父母、直属の班長は兄として、兵営は軍人の家庭であると聞かされると、そのことばどおり班内の古参兵は、支給された品物の管理方法から食器の洗い方まで丁寧に教えてくれた。兵隊もまんざらではない。

ところが、やさしかったはずの古参兵は二、三日ほどで手のひらを返したように態度がかわった。貴様ら、でかい顔ができるのもここまでだ！　いつまでもお客様扱いとはいかない。これからが本当の軍隊だとしごきがはじまった。

とにもかくにも最初は、敬礼からはじまり階級、絶対服従といった軍内のしつけからだ。そして軍人勅諭の暗唱により忠節、礼儀、武勇、信義、質素の五カ条の訓戒からなる軍人精神を徹底的に叩き込まれる。

兵隊としての意識がそなわってくると次は分業教育へとすすむ。歩兵連隊では小銃中隊や機関銃隊といった役割を決められ専門性を磨いていく。小銃中隊になった沢村は体が大きいからと軽機関銃を担当することになった。連射される銃の威力は相当なもので、その役目は新兵たちにとって羨望の眼差しである。

とはいうものの軽機関銃は三八式小銃と比べて倍以上もの重さがある。戦闘ではかかえて素早く移動しながら発射していくから体力がないと難しい。それに敵を求めて広大な戦地を移動するための訓練として一日二四キロの行軍も繰り返し行われたから、沢村のように野球などで鍛錬していなかったら務まらないであろう。

軽機関銃には小銃のように着剣することができる。いざ白兵戦となれば敵兵を銃剣で一撃することから銃剣術も訓練のひとつである。実戦ではないにせよ、鋭い銃剣によるひと突きは度胸だめしといえる。いつのまにか沢村は訓練を受けながら肉体、精神ともに鍛えあげられていった。

一方、セネタースの野口は軍馬を世話する日々だった。日露戦争では騎兵隊が存在感を発揮したが、兵器の進歩や戦術の変化により、いまでは大砲、弾薬、食糧といった物資の輸送を主に担っている。軍にとって補給は欠かせず、馬といえども立派な兵器といっていい。

野口が所属する師団には、騎兵のほかに輸送と補給を担当する輜重《しちょう》兵や、大砲を移動させながら攻撃する野砲兵といった馬にかかわる連隊があった。そのため平時に比べて五倍以上になる八〇〇〇頭もの装備が求められていた。時として兵隊以上の大切な扱いになるから、当然、その役目は気をつかいながらの重労働となる。

まず朝食前には厩《うまや》でブラシをかけて蹄《ひづめ》洗いをする。人間の世界に信頼関係が大切であるように馬との間も同じである。接し方に慣れない初年兵はナメられ、蹄洗いひとつとっても都合のいい姿勢をとってくれないから苦労が絶えない。

作業はまだ続く。馬糞の掻き出し、寝床の藁干し、そして餌を与えるといった世話が待っていた。具合が悪いと水を飲まなくなり夜どおし腹をさすってやることもあった。何事もなければ、ようやく自分の飯にありつけるといった具合で、朝から晩まで馬との共同生活である。

野口は蹄洗い、馬糞の掻き出しの毎日で、白球を握っていた手はすっかりひび割れしてしまい赤く膨れあがっていた。勢いのある球で打者を翻弄していた投手は、「軍隊へ入って、二、三年老人になった」と感じるほどだった。

ようやく新兵の一日が終るともうクタクタである。しかし、まだ辛い時間が待っていた。それは古参兵による私的制裁である。軍内には悪しき習慣ともいえる無意味な体罰がはびこり、ことあるごとにいじめが繰り返されていた。

理由は何でもいい。敬礼の仕方が悪いなどとしては、何かにつけてビンタが飛んでくる。そのうち殴るのも素手から革のスリッパに替わると、勢いを増し顔面をめった打ちにすることもしばしばである。あるときには小指だけで重い机を長時間持ちあげさせるといった、実に陰湿なやり

軍馬の担当になった
セネタースの野口
（山際康之　所蔵）

野口が世話した軍馬は物資の輸送などを担った
写真週報36号　昭和13年10月19日
（国立公文書館／アジア歴史資料センター　所蔵）

方でいじめが行われることもあった。

たとえ理不尽なことであっても上官や古参兵の命令は絶対で服従あるのみだ。だが、そうした順応こそが若者たちの意識を根本から破壊し、兵士に作りかえてしまうことを意味していた。

軍隊野球

厳しい訓練と規律、仲間との競争、そして古参兵の目、気持ちの休まるときなどない。そうしたなかで野球をしていたことが少なからず役立つこともあった。それは連隊同士による対抗野球である。

巨人軍の内堀の連隊は日曜日ごとに試合をしていたが、「お前、甲子園にも出たんだってな。ひとついいところを見せてくれ」と無類の野球好きだという連隊長から声がかかった。

軍では入営してくる兵士の職業、経歴はもとより家庭の状況から酒、煙草の嗜好まで細かく調べあげ、身上明細書として管理していた。無論、内堀が職業野球選手であった経歴は連隊長も承知しているはずである。対抗競技は自らが属する隊への帰属意識を養うためのものとしても利用された。まさしく内堀も、そうしたひとりとして組み込まれたのだった。

日頃の訓練においても職業野球選手は連隊内で関心を向けられることがあった。手榴弾投げの演習である。沢村は頻繁に教育を受けた。手榴弾といっても野球のボールと比べると三倍くらいの重さがある。普通の兵士だと前にほうるのも難しく、遠くへ投げたとしてもせいぜい三、四〇メートル程度である。

いち早く入営していた巨人軍捕手の中山が五〇メートルを投げて軍内で注目の的となった。そこへもってきて沢村が入営してきたから騒然となった。彼は左足を高くあげて投げると優に六〇、七〇メートルを超えたのだった。

さすが米国のベーブ・ルースを打ち負かした男だけある！　腕前は知れ渡り、師団対抗の手榴弾投げ競争では山田良之助師団長を前にして八三メートルも投げて日本新記録をつくったから、いっそう彼の名声はとどろいた。その記録は九二メートルまで更新していったというからなおさら驚きである。

たしかに手榴弾投げの演習は職業野球選手として脚光を浴びる場であったのだが、思わぬ落とし穴となる瞬間でもあった。内堀は野球の試合のときと同じように、お手本として、「投げてみろ」と駆り出された。練習なしに投げれば売り物であった肩がつぶれてしまうことは頭ではわかっていたつもりであったが、悲しいかな軍隊生活がしみ込んだ身体は、投げてみろという命令にすかさず反応していたのだった。しまった！　後悔したがもう遅い。上官の命令を何もためらわず行動できるようになったのは兵士になった証拠である。

訓練も後半になると、歩兵中隊と機関銃隊の連携により総合的な戦闘能力を高める教育へとすすみ、仕上げは検閲により成果が点検された。平時ならば時間をかけてみっちりと鍛えあげていくところだが、戦時となったいま、そうした余裕はない。所属している連隊は大陸でとうに激しい戦火にさらされている。訓練の短縮もやむなしで、あとは実戦で補うしかない。戦地への出発がいよいよ近づくと肉親らとの別れの機会が与えられた。

新兵さん、澤村君

手榴彈が投げて見たい

一ツ星の意氣颯爽

【名古屋電話】職業野球の明星巨人軍の投手澤村榮治(二一)君が十日午前八時天晴れ國家の干城として宇治山田市岩淵町の自宅から多數の郷黨に送られ津の步兵第卅三聯隊へ入營五尺七寸七分十八貫の體には頼母しい一ツ星が輝いてゐる、營門の前で同君は語る

「僕は自慢ぢやないが人一倍强い腕をもつてゐますからボールの代りに手榴彈を投げるときでも普通の者より遠くまで投げることができ、また僕が投げればコントロールは百發百中間違ひないです、除隊後は職業野球團へ復歸するかつて？勿論です、さうしてもつと職業野球の研究向上につとめたい」—寫眞は澤村君

新兵になった沢村

読売新聞　昭和13年1月11日
（国立国会図書館　所蔵）

沢村が担当した軽機関銃の訓練

写真週報4号　昭和13年3月9日（国立公文書館／アジア歴史資料センター　所蔵）

沢村がひょっこりとチームの前に現れたのは、昭和一三年四月下旬のことである。戦地に赴くことになった沢村は休暇をもらい、実家へ帰省する前に顔を出したのだった。久しぶりの再会である。入営してからまだ三カ月ほどしか経っていないというのに、すっかり軍服姿が板についていた。

球団専務の市岡は送別会だと選手たちを集めて、沢村がなによりも好物にしていたすき焼を用意した。ちょうど春季リーグ戦前の毎日優勝大会の期間中で酒なしの寂しい席となったが、沢村は気丈にふるまってみせた。大陸に行けば生きて帰ってはこられまい。そんな思いもあっただろうが、彼は多くを語らず非常に名誉なことだと述べると別れを告げたのだった。

名誉の負傷

沢村が向かった先は南京の北西約五〇〇キロに位置する済寧周辺である。そこではまさに、大がかりな戦闘がはじまろうとしていた。日本軍は、中国軍が徐州付近に兵を集中させて攻勢を企図しつつあるという情報を得ていた。その数は四〇万人ともいわれた。

こんどこそ敵に大打撃を与えて抗戦意志を挫く好機だ。徐州は大陸各地に点在している戦闘地域をつなぐ要所である。現地で勢いづく師団に対して、これまで慎重だった大本営も、ここへきて呼吸をあわせるように方針を転換して積極的な姿勢になってきた。大本営は徐州作戦の実施を決定すると、会戦後の態勢により次の標的として武漢を攻める計画まで策定していた。

沢村が配属された連隊は、それまで南京攻略に参加してきた。戦死者四〇名、負傷者一六四名の被害を出しながら戦果をあげ、連隊内では内地への凱旋の願いもあったが、それは新たな作戦で一遍に吹き飛んでしまった。

沢村の連隊に下された命令は魚台や金郷といった敵陣地を突破したのち、徐州の西方地区にいる勢力を撃滅するというものであった。連隊は済寧を出発すると早くも敵に遭遇した。夜戦をしのぎなんとか撃破することができたものの、息つく暇もなく城郭都市の金郷へ到着すると、こんどは城壁に阻まれる戦闘になった。

鳴り響く銃声、炸裂する大砲、そして負傷者のうめき声。はじめての戦闘の恐怖は計り知れない。沢村は、「お前は身体が大きいから弾の当たり具合がええぞ」と脅かされていたから余計である。

敵はすぐそばまでせまる勢いである。やらねばやられる。野球と同じで戦争も度胸だと、軽機関銃の射手を任された彼は、自分にそういい聞かせると撃ちまくった。そして、「四〇人ばかりみんなで突殺した」。恐怖だったはずの殺し合いが、いつのまにか痛快だと感じるようになっていた。戦場は人をかえてしまう。敵を撃破すると、沢村の連隊は金郷の城内を手中にした。

しかし、一喜一憂している暇などない。まだ目標とする地は先だ。はてしなく続く麦畑をひたすら前進し、沢村の連隊は一番乗りを競うように徐州を目指した。ところがどうしたことか、徐州へ進攻してみると街はもぬけの殻となっていた。各師団の包囲網を中国軍はするりとくぐり抜けてしまっていた。占領はしたもののあっけない幕切れであった。

それにしても済寧からはじまった沢村らの行軍は、他の部隊も驚くほどの長い道のりとなった。

まだ五月だというのに強く肌を焼くほどの日差しと黄塵である。そのうえ背嚢を背負い、小銃、弾丸といった武器を装備していたから兵士たちの疲労は相当なものだった。

　軽機関銃の役目になった沢村も肩にかついで移動していた。炎天下のなかで野球をしてきた沢村は他の者と比べればまだ余力はあったが、行軍より戦闘のほうがよっぽどましだと思うほどであった。

　疲れを癒すべく、連隊にしばしの休息が与えられると、その間に沢村は星二つの一等兵へと進級することになった。自然に背筋が伸びる。次は武漢だ。

　漢口、漢陽、武昌の三都市は、長江と漢水との合流地点にそれぞれ向きあうかたちで発展し、武漢三鎮といわれていた。沢村の連隊は漢口への突入が命ぜられたが、それを拒むように立ちはだかるのが大別山脈であった。

　なにをさしおいても大別山の天険を突破しなくてはならない。だが戦闘で必要となる詳細な地図すらない。連なる山々の平均標高は五、六〇〇メートルほどあろう。ほとんどが岩石と灌木と草に覆われ、山々は幾多にも折り重なっている。なかでも高くそびえる磨盤山は切り立った斜面である。天然の地形を巧みに利用した敵の攻撃が予測された。

　いざ山に足を踏み入れたものの長雨の季節のせいで、兵士たちは服を濡らし、足をすべらせ行動を制限された。食糧の欠乏と悪天候により膠着状態が続くとマラリア患者が多発した。沢村も他人事ではない。それでも彼は生芋をかじりながらじっと攻撃のときを待った。

　どうやら敵陣地は増強をしている気配である。時間が経過するほど不利になるだろう。いまこ

銃などを装備するなか
暑さと黄塵で苦しめられた行軍

写真週報36号　昭和13年10月19日
（国立公文書館／アジア歴史資料センター　所蔵）

武漢攻略を前に準備する沢村

読売新聞　昭和13年9月11日
（国立国会図書館　所蔵）

そ攻め時だと判断した山田喜蔵連隊長は磨盤山への攻撃を命じた。隊長は「俺に命をくれ」というと、沢村らと水盃をかわした。敵の殲滅あるのみである。

沢村の隊の任務は鉢巻山と名付けられた地点の攻略である。作戦が開始されると兵士たちは果敢に弾幕のなかに飛び込み、起伏する三つの高地を奪取すると次いで鉢巻山へとかかった。しかし相手は随分前から、この険阻な山岳にトーチカ、鉄条網や砲を据えて準備していたようで容易に接近を許さない。

沢村は手榴弾を投げて応戦した。誰よりも遠くに投げる彼を知る戦友は休みなく手榴弾を渡して頼りにした。腕には自信があるものの、さほど離れてない場所への投擲《とうてき》は、うっかりするとこちらへも被弾する。絶妙な制球が求められる至難の業である。

徐々に敵陣地へ近づいていくと中隊長を先頭に突撃を開始した。敵兵との肉弾戦だ。沢村は前日、兄弟以上の絆で結ばれた戦友を失っていた。沢村は敵討ちだと必死になって敵兵を銃剣で刺していった。

沢村らの勇敢な戦いぶりは敵を上回り、次々と相手を倒すと陣地を占領した。朝からはじまった壮絶な戦闘は一二時間にもおよび、午後七時三〇分に鉢巻山に日章旗がひるがえった。

見回せば戦友たちは誰ひとりいない。沢村は敵も味方もなく無残に折り重なった姿をただただ見つめるだけであった。もう野球のことなど頭にない。生きていれば、それで充分だ。気がつけば左手からは血が流れていた。

激しい戦闘になった武漢攻略

写真週報35号　昭和13年10月12日
（国立公文書館／アジア歴史資料センター　所蔵）

戦争景気に沸く新聞社

大別山の死闘は読売新聞でも連日、報道された。「勇躍大別山に進入」といった見出しとあわせて戦況地図を使った説明だから目を引く。沢村が負傷した頃になると、「大別山系に破竹の皇軍」、「大別山深く奮戦」、「大別山突破湖北進入」と、いっそう活字が躍った。

無論、その内容はといえば勇猛果敢なものばかりで、敵に苦戦する様子はもとより食糧の欠乏やマラリアに苦しむ兵士の姿はどこにもない。真実を知らない人々は日本軍の破竹の勢いで高揚感を覚えると、いつのまにか新たな戦勝の報せを待つようになっていた。

正力もまさか自分のチームの沢村が生きるか死ぬかの戦いをしていたとは知るよしもない。もっとも、知っていたら絶好の新聞ネタだと放っておくことはなかっただろう。

正力は、「戦争は新聞の販売上絶好の機会」だと改めて強調すると、競争相手を負かすための施策を一気に打ち出した。そのひとつが一日二回の夕刊だった。八頁あった夕刊を分割して第一夕刊と第二夕刊にして届ける方法である。

第一夕刊では通常よりも三時間前倒しに配達するから、どこよりも早い。第二夕刊でも記事の締め切りを遅くして続報を伝え、次の情報を知りたいという購読者の要望を叶えた。他紙が翌朝掲載する記事まで第二夕刊で報道してしまうから、ほかの新聞社はたまったものではない。記事を小出しに絶妙な時機に配達する策はまんまと成功した。

購読者の心を引きつけたのは紙面にも工夫があったからである。それは大胆にも収入の柱である広告欄を削って記事に充てた斬新な構成だった。普通、一日の朝夕刊での広告欄は、朝日新聞は一〇七段で、東京日日新聞は一〇五段である。これに対して読売新聞は一〇〇段に削り、空いた部分に写真や記事の掲載を試みた。

たった数段の違いとはいえ、広告欄の縮小は広告収入の減少を意味する。一段当たり一〇〇円前後の広告料だから月にすると、ざっと二万円以上もの損失になる。しかし、非常時で紙の供給が一割減に制限されて頁数の削減を余儀なくされるようになってきたから、かえって充実した紙面づくりが可能になる。中身が良ければきっと新しい読者が増えるはずである。そうなれば広告料の単価もあがるから充分に元は取れるという計算だった。

読み手を満足させる記事も心配無用で万全な体制である。当初、読売新聞社は写真部長のほかに政治部員や映画の撮影技師などごくわずかの人数を戦地に派遣していたが、軍の進攻にあわせて強化し、七〇名を超える特派員で臨むようになっていた。記者らを大陸に送り込む姿勢は、まるで兵を増強してきた軍のようである。

正力の購読者拡大のかけ声が特派員にも伝わったのだろう。他紙に負けるものかと記者たちは兵士らとともに敵前まで向かい決死の取材で挑んだ。上海の攻撃に続いて開始された杭州湾の上陸では、各紙の記者が軍艦から様子を眺めているなか、読売の記者は裸になって海のなかに飛び込むと突撃する隊に加わり戦況を伝えた。ほかの社の者が真似をしようにもちょっとやそっとでできるものではない。

たしかにいままでの情報収集は司令部で報告を聴くか、後方での見聞や撮影に過ぎなかった。

躍進する読売新聞社内（上）と戦果を雄弁に語る正力（下）

読売新聞社長正力松太郎氏新聞経営の苦心を語る　昭和12年12月29日
（国立国会図書館　所蔵）

敵と戦っている様子をもう一度再現してもらい、あたかも本物の戦場のように撮影する者さえいた。対する読売は体をはっての突撃で、前線の将校からは、「第一線の記者はほとんど読売の特派員である」と一目置かれた。正力は敵を「斬ったその瞬間、すなわち血の滴る写真」を撮影していると誇らしげに語るほどであった。

だが危険をかえりみない行為は命取りになる。案の定、特派員から死者が出た。それでも正力は記者の派遣を止めることなくむしろ増派した。

迫力ある描写が紙面の多くを占め、朝から晩まで休むことなく報せを届けるという巧みな手法は大衆を引きつける結果となった。事実、それまで購読者の獲得合戦で値引きによる乱売が続いていたが、それがピタリと止まったから効果の大きさがわかる。強気になった正力は値上げまで断行した。それでも新聞は売れ、東京市内は毎月二万部、地方も毎月一万部の増刷が続いた。

もうこうなってくると、なにをやってもうまくいくという自信は確信へとかわってくる。正力は地方の販売店主や支局長など二〇〇名余りを招くと成果について雄弁に語った。

いまや大衆は新聞に最大の関心を持たざるを得ざる時期に直面している

絶大な発信力を得た新聞社は、政府や軍と一体化すれば国民すら動かせる存在となっていた。正力は金儲け以上の大きな価値を手に入れたようだ。

宣伝巡業の収穫

長引く戦争を予感させるなか日本職業野球連盟は、体制を充実させようとライオン軍の鈴木龍二が連盟の理事長に、そしてセネタースの詫摩治利が副理事長に就任することになった。戦時下での厳しい舵取り役になる。

戦争の余波は昭和一三年春季リーグ戦にも響き、選手たちの出征がそのままチームの成績を左右する結果になった。さいわいにも影響の少なかったタイガースは西村幸生ら厚い層の投手陣で勝ち星を重ねた。打撃のほうも景浦将を中心に実力を発揮すると、勝率・八二九と圧倒的な強さでリーグ戦を制したのだった。

続く二位の巨人軍は、やはり沢村、内堀の主力バッテリーの兵役が痛手であった。そのかわりにスタルヒンが一四勝三敗で最多勝となり台頭してきたのが救いだった。球団は選手不足を解消するために積極的に新人を補強してきたので、そうした成果も見られた。なかでも熊本工業から入団してきた吉原正喜は正捕手の座を勝ち取り、内堀の抜けた穴を埋めるほどの出来だった。同じ学校から一緒に入団してきた投手の川上哲治は二勝にとどまったが、夏の甲子園で準優勝を二度も経験しているから実力はこんなものではないだろう。これからが楽しみだ。

野口頼みだったセネタースは五位に低迷した。彼は前年春、秋季を通じてチーム勝利数の六割以上にもなる三三勝を稼いでいる。登板しないときには打者としても出場していた中心選手がいなくなったのだから当然の順位といえよう。

その分、監督になった苅田が神業の守備とあわせて打率・二九九、本塁打五本という打撃成績を残した。監督としてもチームをまとめながらの孤軍奮闘ぶりが評価され、セネタースの順位が下位にもかかわらず見事に最高殊勲選手に選出された。有馬はたいそう喜び、「よかったなあ、苅田君、秋も頼むぞ」と祝福した。

チーム名が改称されたライオン軍は最下位だった。龍二が理事長になったとはいえ、肝心の球団経営はあいかわらず小林商店からの支援に頼っている。改称直後は上向きだったものの、選手を強化する余裕もなくコマ不足が成績に響いた。

それでも選手たちは元気がいい。春季リーグ戦が終了すると小林商店との契約にあった宣伝巡業が待っていたのだった。選手たちにとってはちょっとした小遣い稼ぎになる。

広告部の平野が計画したのは、人気の巨人軍と一緒に東北から北海道にかけての巡業である。すでに秋田、青森、函館、札幌、旭川などの試合が開催される地域の特約店とは販売促進の準備をすすめていた。

とりわけ北海道は製造、販売の要で熱が入った。日高には歯磨の原料のひとつである洋種ハッカの栽培、香料の一貫工場がある。販売でも明治時代から特約店の拡張活動により函館、小樽、札幌を中心に契約が広がっている。ライオン軍の宣伝巡業により、いっそうの売上げが見込まれるだろう。

横浜公園球場を皮切りに、八月一三日から一六試合におよぶ計画となった宣伝巡業が開始された。巨人軍監督の藤本は秋季リーグ戦にそなえてスタルヒンに次ぐ投手を育てようと、横浜、新

熊本工業から入団してきた投手の川上
野球界28巻8号　昭和13年8月1日
（国立国会図書館　所蔵）

最高殊勲選手になった苅田
野球界28巻8号　昭和13年8月1日
（国立国会図書館　所蔵）

潟、秋田、青森の試合で川上を起用していった。だが監督の求めに反して成績はいまひとつであった。それというのも学生時代に左肘を痛めていて、試合で投げると炎症が引くまで一週間は投げられない状態だった。もはや力投などできない。結果が出ずベンチでふさぐ新人投手の姿を監督は目にした。

各地での歓迎を受けながら北上していった両軍一行はついに北海道入りした。初戦は函館の湯の川球場での試合である。平野は函館新聞社へ手配し、試合の特集記事や広告を繰り返し掲載して煽っていた。

函館の街ではライオン軍の話題もさることながら、巨人軍を応援する声も相当なものであった。地元の函館太洋倶楽部の久慈次郎は、昭和九年の日米野球の際に全日本の捕手として参加した選手だった。日米野球終了後には巨人軍の主将として指名されたものの、家業の都合から入団を辞退していたから身内同然である。同じく函館太洋出身の永沢富士雄も日米野球に出場しており、そのまま巨人軍へ入団して一塁手として定着していた。今回の巡業にも同行しているから贔屓《ひいき》も多い。知らず知らずのうちに、勝つのはライオン軍か、巨人軍かと試合前からファンは二分していった。

注目される対戦を前に、平野は地元の特約店と相談して試合の入場方法に工夫をこらした。その方法は、「ライオン歯磨愛用者ご招待　職業野球団大試合」と銘打って、歯磨、歯刷子の外箱、潤製歯磨の帯封または袋のいずれかを五〇銭分持参すれば内野席の入場券がもらえ、一円を添付すれば特別席への入場券も進呈されるというものである。それぞれの入場券には半額で入場でき

寫眞（上）巨人軍（下）ライオン軍

18日

「巨人」對「ライオン軍」

ライオン歯磨報恩職業野球戦

湯の川球場に於て

函館で1万人もの観客を集めた宣伝巡業

函館新聞　昭和13年8月18日（国立国会図書館　所蔵）

試合する各地で練り歩いた宣伝隊

徳島毎日新聞　昭和13年1月15日（国立国会図書館　所蔵）

る券も一枚ついてくるから買わない手はない。人々は店を訪れると競って歯磨を手にした。客は客をよぶに違いない。平野はもうひとひねりした。これまで巡業してきた各地では試合間近になると、「ライオン歯磨」と書かれたのぼりを持った職業野球大試合宣伝隊を結成して市中を練り歩いたから、函館でも試みれば大賑わいとなるはずである。商店創業者の小林富次郎が明治時代に手がけた全国宣伝巡回を取入れた策である。

さらにとっておきの企画を用意していた。それは街の中心にある老舗の百貨店で特約店の丸井今井で、ライオン石鹸による人造繊維スフの洗濯知識展覧会を予定していたのである。スフはステープルファイバーの略で、羊毛や綿の代用品として用いられている。戦時に伴う措置として政府は四月に国家総動員法を公布し、国は物資から国民の徴用にいたるまで幅広く統制することとなった。それに続くように一カ月半ほど前から綿製品も禁止されてスフを使うことを余儀なくされた。とはいうもののスフは破れやすく、靴下はすぐに穴があくなど粗悪である。主婦たちは洗濯に苦慮していたから関心は高い。

新聞による広告や展示会の開催、そして野球へ招待という複合的な販売促進活動で盛りあがらないはずがない。試合当日になると職業野球を見たさに歯磨を購入した顧客らで球場の両翼スタンドは埋め尽くされた。戦時にもかかわらず、その観衆は開設以来の新記録となる一万人にも膨れあがった。平野は改めて職業野球の可能性を実感した。

巡業は旭川、札幌を連戦して再び湯の川球場へ戻ると、「郷土出身巨人軍永沢選手　歓迎三覇大野球戦」として地元の函館太洋倶楽部を加えた特別試合が設けられた。当然ながら永沢は郷里の声援にこたえようと張り切らざるを得ない。ところがこれがいけなかった。巨人軍と函館太洋倶楽部の試合がはじまると彼は、内野ゴロにもかかわらず全力で一塁に駆け込みベースに足を引っかけて捻挫してしまったのである。これ以上の出場は難しい。

ベンチを見まわした監督が代役に指名したのは投手の川上であった。これまで根気強く投手として起用してもらったにもかかわらず結果が出せていない。せっかくもらった機会だ。彼は無我夢中でバットを振った。すると、それは誰も予想しない強烈なライナーとして表れ、二塁打二本を含む三安打を叩き出した。偶然の出来事から川上に光が差し込んだ瞬間だった。

投げ出した内閣

内閣が発足してもうすぐ一年になる。「国民政府を対手とせず」とする声明は、中国を刺激して戦争を激化させるきっかけとなってしまった。ここでなんとか方向転換をしなければたいへんなことになるだろう。そこで近衛は閣僚の交代に着手することにした。

かねてより近衛は、閣議において軍の意向に引きずられた発言をする陸軍大臣杉山に不満を抱いていた。軍の作戦行動すら報告してこないから話にならない。近衛は杉山に代えて、戦争の早期収拾を主張していると伝え聞いた板垣征四郎中将を陸軍大臣として迎え入れることにした。板垣を望む声は陸軍内からも大きい。顔をあわせる程度で深くは知らないものの周囲の評判はなかなかいい。きっと陸軍を統制して内閣に協力してくれるに違いない。

近衛は軍のいいなりになっていた外務大臣の広田に対しても満足していなかった。弱腰なのは

非常時近衛内閣（上）と
有馬農林大臣（下）
読売新聞　（山際康之　所蔵）

近衛自身も同じでいささか身勝手ないい分ではあるが、他人のことだと目についてしまう。広田を退けると陸軍大臣の経験者で軍にも影響を持つ宇垣一成《かずしげ》に外交を任せることにしたのだった。同じく近衛は文部、大蔵大臣らもかえる大改造を行って局面の打破を目指した。正力の読売新聞も、その姿勢を評価するように、「非常時近衛内閣」と表現した。

そうしたなかで近衛の信頼が厚い有馬は農林大臣に留任した。しかし、当の本人はというと、職を辞することを望んで幾度か申し出ていた。

実のところ有馬は大臣であるにもかかわらず、「自分の才能、さらに自分の行為とを考えると、一日も職にとどまることが心苦しく」悩んでいた。農業へ対する専門性は持ちあわせていたものの他の閣僚のように弁が立つわけではない。中国の和平について閣議でひとり発言しないこともあった。すっかり自信をなくしてしまい、病気と称して閣議を休むほどだった。

私生活に目を移せば、自宅から五〇メートルも離れていないところにある妾宅へ警護の目を気にしながら通う日々であった。以前、ある大臣がそっと出かけて大騒ぎになったことがあったが、いつ自分も見つかるかわからない。にもかかわらず危険をおかしてまでも抜け出すさまは、決して人から褒められるような行いではないだろう。

加えて、早くに長男を亡くして、わがまま放題に育ててしまった三男頼義の素行が思わしくなく、父親としては悩みのタネであった。

あらゆる事柄が一度に襲ってきてもう背負いきれない。またしても我慢できずに投げ出そうとする弱さが頭をもたげた。しかし、ここで辞めれば首相の意にそむくことになる。ぐっとこらえて職を続けることにした。

そうしたなか有馬はある本を手にした。日中戦争を描いた『麦と兵隊』である。筆者の火野葦平こと玉井勝則は、出征前に発表した『糞尿譚』で芥川賞を受賞し、戦地で授与された作家である。ペンの力によって軍の考えを広めようと、陸軍報道部は彼を利用すべく転属させた。そして火野が取り組んだ作品が『麦と兵隊』であった。

その内容は、沢村が戦闘に参加した徐州会戦の従軍日記である。麦畑のなかの進軍と避難する農民たち、耳元にはじけるような音を立てて飛んでくる弾丸、すぐそばにいた兵隊が倒れ、助けようと自らの軍服が血だらけになる様子など、どれをとっても生々しい。それまでの新聞報道とは異なる作家ならではの描写は、またたく間に国民の関心をよんだ。

有馬も夢中になって読んだ。これまで閣議などで戦況について陸軍大臣からの勇ましい報告はあっても、実際の兵士たちの様子などほとんど知ることができなかった。戦地の実態を知り胸がつまる思いであった。

現実を知れば知るほど出征を見送った家族の気持ちがよくわかる。頼義も年齢のことを考えれば、これからの行方が気になるだけに他人事ではない。はたして内閣のしてきたことは正しかったのだろうか。父としての思いと大臣として下した決断の狭間に有馬の心は揺れる。

そうした心労が続いたためか、有馬は体にも変調を来し、下痢を繰り返すようになっていた。閣議中でも腹痛となり公務どころではない。習慣になっていた日記も一〇日ほどペンを執ることができず、やがて血便まで出るようになった。

病院で検査してみると大腸カタルだと診断された。原因はわからない。やはり大臣の重圧、そして私生活の悩みの負荷なのだろうか。それとも神経痛で投与していた薬の副作用なのかもしれない。

有馬は三〇を過ぎたころから神経痛で苦しめられ、中毒性があるといわれるパビナールの注射など、これまで医師に頼んでは薬を試してきた。「とうとうモネの注射までするようになってしまった」と日記に訴えるほど、あらゆる治療を繰り返してきている。「モネ」とはモルヒネのことだろう。体に変調があってもおかしくない。

いずれにしても体調を整えることが先決である。この機会にしっかりと治したほうがいいというすすめもあり入院をすることにした。短い期間とはいえ、大臣の職から離れてぼんやりとして過ごす時間は貴重だった。気分も落ち着いてくると朝寝坊するまでになっていた。

退院も間近になった頃、靖国神社では臨時大祭が執り行われた。戦地で散った夫、兄弟、子を祀るために二万人もの遺族が上京した。

まさかこれほどの戦争になり犠牲者を出してしまうとは。盧溝橋ではじまった戦闘は収束どころか全面戦争へと発展している。戦の必要性について声を大きくする軍人に反論することなく沈黙してきた行為は遂行者とかわらないだろう。有馬は臨時大祭での遺族の悲しみを思い、これまでの自分の行いについて深く反省した。

そして病院の床上で黙禱を捧げると日記に綴った。

この戦の開始された頃のことを思い出し、自分の責任の軽からぬことを思い出して、なんとも済まぬ気持ちがした

混迷する情勢に近衛も迷走していた。陸軍大臣に任命した板垣は、想像していた人物とは異なり次から次へと作戦を決定し、戦火はさらなる激しさを見せていた。自ら見極めるでもなく噂程度で人選をしてしまったしっぺ返しといえるだろう。こうなってくると陸軍の暴走を阻止することなどできるわけもなく、もはや傀儡《かいらい》内閣といえた。なにもかもが思うようにいかない。近衛はすっかり気力をなくしてしまうと、まるで有馬から伝染したかのように、たびたび辞めたいと口にしはじめた。

なんとも無責任な話だ。所詮、近衛も有馬と同類である。華族という恵まれた環境で育ったせいか、担がれる役にはなるのだが、いざなってみると困難を乗り越えてまですすめようという気持ちがない。

新年を迎えてすぐの昭和一四年一月五日、これ以上は耐えきれないと判断した近衛はとうとう内閣を総辞職してしまったのだった。事態を解決することなく投げ出した政府に国民の期待は失望へとかわっていった。

兄を追いかけて

日中戦争の長期化から職業野球の選手たちが次々と召集されると、各球団は新人の補強に躍起となった。巨人軍へは沢村の後輩となる京都商業の出身で左腕の中尾輝三が入団してきた。ここまで投手の川上がいまひとつ力を発揮することができず、内野手の水原を登板させてやり繰りしていた。スタルヒンひとりに頼る投手体制は深刻である。前年は春季優勝のタイガースと秋季優勝の巨人軍との間で年度の決定戦が行われ、タイガースの圧倒的な強さによる四連勝で終っている。なんとしても今年は優勝を奪い取らなければならない。沢村が抜けた後釜として新人投手への注目が集まった。

　ほかにも有力な新人がいた。注目の的はなんといっても法政大学の鶴岡一人《かずと》だろう。六大学で首位打者になった大物獲りに名乗りをあげたのはタイガース、金鯱軍といったチームである。交渉がすすむなか鶴岡が選んだ先は、前年に出来たばかりの南海軍であった。弱小で選手層がうすいチームならすぐにでも出場できるだろうと入団を決めたのだ。手中に収めた南海軍は主将の座に抜擢するほどの歓迎ぶりである。

　悔しい思いをしたのはセネタースの苅田だった。鶴岡は法政大学の後輩である。苅田のこだわってきた守備も申し分ない。中村が兵役にとられてしまったあとの一〇〇万ドルの内野陣を復活させるにはもってこいの人材だった。だが接触したときには、もう南海軍入りの運びとなっており、ひと足遅かった。

　そこで見つけてきたのが強豪校、桐生中学の柳《やなぎ》鶴震《つるじ》である。控え選手ながらも春、夏の甲子園へ出場している。さすがにつまらない失策などのヘマをやらかすことはないだろう。鶴岡とまではいかなくても役に立つはずだ。

南海軍に入団した鶴岡

野球界28巻6号　昭和13年4月1日
（国立国会図書館　所蔵）

兄を追って入団してきた
野口二郎（中央）

読売新聞　昭和14年3月13日
（国立国会図書館　所蔵）

投手團一躍強化

期待の野口、セ軍軒昂

【上】セネタースの新人―野口二郎投手のピッチング・フォーム、圓は右から村松、譲部、柳【中】南海の新人―右から（前列）岩出、天川平野（後列）國久、佐野、戸田、岡村【下】堺大濱球場における南海軍の練習ぶり残るは野口が抜けたあとの存在である。この一年間、主力の不在で散々な戦いを強いられてきただけに優秀な投手の獲得は最優先の課題となっている。そこで苅田が目をつけたのが野口の弟だった。

野口の家は、明を筆頭に二郎、昇、渉という野球四人兄弟として世間に知れ渡っていた。二郎は兄を追って中京商業へ入学すると、投手として春の選抜中等学校野球大会と夏の全国中等学校優勝野球大会の両方で優勝をはたしている。とりわけ前年春の選抜の大会では、無安打無得点の一試合を含む四試合連続の完封で優勝する活躍で、兄に劣らぬ実力の持ち主である。

当然ながら他球団も逸材を放っておくはずもなく、またしても争奪戦となった。鶴岡の件で失敗しただけに、ここはなんとしてでもほしいと苅田も真剣である。二郎の両親はもとより兄、明の婚約者にも会いながら熱心に勧誘を繰り返した。

そのうち競争相手のタイガースはセネタースの倍の金を用意して誘ってきたからたいへんなことになった。このままではまた持っていかれてしまう。危機を感じた球団の責任者である詫摩は、連盟の理事会の席上で他のチームは獲得を断念するようにと訴えた。

当事者の二郎はというと兄と同じように六大学への進学を夢見ていた。とはいうものの、そう簡単ではない。なにせ中京商業は明治大学へ多くの学生を送り出してきた間柄であったが、兄がなんの前触れもなく突然、大学から職業野球入りしてしまったから両者は絶縁状態になっていた。当然ながら、その原因をつくった明の弟である二郎を受け入れるはずもなく、大学への道は遠のいていった。

そうとなれば職業野球入りの選択しかない。両親、弟、妹たちのことを考えるとタイガースから提示された大金はありがたい。しかし、入営する前の兄からのことばが心に刺さった。

「プロへ入るならセネタースへ入るように」

野口は世話になった球団に恩返しをしたかったのだろう。

二郎は明の思いを受けとめるとセネタースへ入団することを決意したのだった。ようし、こうなったら兄に代わってチームのために投げよう。有馬のチームに新しいエースが誕生した。

4章

新体制運動

野球の妙技

監督から手渡されたユニフォームに袖をとおした野口二郎は背筋が伸びる思いだった。縫いつけられた背番号は、まさしく兄の明と同じである。苅田は、「お前の兄貴が一八番だったから」といい、志を受け継いでほしいとの思いを込めるように弟に託したのだった。

これからセネタースの先輩たちから投球や守備についての厳しい指導が待っているはずだ。覚悟してかからねば。ユニフォーム姿になった二郎は、早速、練習をするために上井草球場のグラウンドに足を踏み入れた。すると、そこにいたのは意外にも新聞や雑誌で目にする各チームの看板選手たちであった。聞けば映画の撮影なのだという。

連盟は野球の技術を普及させるために、「野球の妙技」という映画の制作に取りかかっていた。一般の映画館でも上映を予定していたから、六大学より低く見られていた職業野球の専門性の高さを世の中に知らしめる目的もあるのだろう。大衆化した映画を利用すれば、人気を呼び起こすきっかけになるはずである。

映像のなかで解説される技術指導は、イーグルスの常務取締役で連盟理事として技術委員も務める河野安通志《あつし》である。河野といえば阪急電鉄の小林一三が手がけた宝塚運動協会の前身である日本運動協会の創立者である。日本初の職業野球団を生み出した彼は誰よりも野球を知り尽くしている。

「朝日スポーツ解説映画」と題する映像の製作は朝日新聞社が担当していた。一六ミリカメラに

看板選手が登場する映画「野球の妙技」
1段目タイガース（左）、巨人軍（右）、2段目景浦（左）、スタルヒン（右）、
3段目苅田（左）、鶴岡（右）
朝日スポーツ解説映画「野球の妙技」　昭和14年5月公開（山際康之　所蔵）

よる撮影のほとんどはこの上井草球場で、一部は後楽園や甲子園球場でも行われる。構成は準備体操からはじまり投球、打撃、走塁、守備といった要素で二〇分程度である。

いよいよ撮影の本番だ。無論、出演は職業野球の選手たちである。準備体操の場面では、巨人軍とタイガースの選手総出の登場となった。一同、揃って腕を曲げたり伸ばしたりする屈伸動作をカメラはとらえる。走り込みでは選手の中心に位置する川上の姿を追った。

学生じゃあるまいし。素振りの練習に入ると、タイガースの主戦投手である西村や捕手の広田修三が顔をほころばせた。普段はこれほど真面目にやらないかもしれない。そこは撮影をしている手前である。

これが職業野球というものか。二郎はタイガースの若林の撮影に釘づけになった。カーブ、ドロップ、ナックルと、球種別に球の握り方と投法を器用にかえながらの投球である。こんなものではない。まだあるぞとクロスファイヤーも実演してみせた。なんと多彩な投球術の持ち主なのであろうか。

巨人軍のスタルヒンも負けてはいない。恵まれた体から投げ込む速球を披露した。撮影のための肩ならし程度にもかかわらず、これだけの球を投げるとは。本当の試合になったら、もっとすごい威力で向かってくるに違いない。

対する打者はというと、これまたすごい面々である。名古屋軍の桝嘉一《ますかいち》は小柄ながら相手の球をじっくりと見極めて左右に打ち分ける好打者だ。内角球、外角球へ対応するための構え方をフィルムに収めていった。

映画「野球の妙技」スタルヒン

朝日スポーツ解説映画「野球の妙技」　昭和14年5月公開（山際康之　所蔵）

阪急軍の一番打者である西村正夫はバントの名人芸を見せた。体格のいい選手の真似をしてもかないっこない。小兵で左打ちの彼は、自分の体と足の特徴を考えてこの武器を生み出した。対照的に景浦は、二七〇匁（約一キログラム）もあろうかというバットを、グリップエンドいっぱいに握りながら腰を使って振り切る豪快な打法である。どうやったらあんなに遠くへ飛ばせるのかと、思わず他のチームの選手たちが興味津々に打席の周辺に集まってきた。

驚いたのは同じ新人の南海軍の鶴岡が出演者として選ばれたことである。法政大学時代に肩を痛め二塁から三塁へ守備位置をかえていたが、その動きからは故障の気配などみじんも感じられない。柔らかい送球をする身のこなしに二郎はすっかり魅了された。

だが内野の守備といえば、なんといっても二塁手の苅田だろう。監督を兼任しているとはいえ、いまだに健在である。天才的な球さばきは誰も真似することはできまい。二郎にとっては誇らしい。

セネタースからは外野守備のお手本として尾茂田叶《おもだかの》も参加していた。彼は前年の秋に四番として打者の才能を見せ、守備のほうでもなかなかの個性派であった。その腕前はというと、飛んでくる球を前進しながらでんぐり返しで球をつかむ回転捕球である。中堅手として、あと一歩で捕球できなかった悔しさから編み出した独自の方法だった。普段の試合でもクルリと回転しながら捕球する曲芸にファンは大喜びした。

これほどの選手たちが一堂に会することなどめったにない。グラウンドでの練習もいいが、最高の技を目の前で見られるなど、なにものにもかえがたい勉強の場である。実力者たちと対戦で

映画「野球の妙技」尾茂田

朝日スポーツ解説映画「野球の妙技」　昭和14年5月公開（山際康之　所蔵）

きる職業野球の世界は実に刺激的だ。二郎はリーグ戦の開幕を楽しみにした。

戦場になった球場

創立して四年目を迎えた日本職業野球連盟は、日本野球連盟へと改称した。リーグ戦も、これまでの春季、秋季の二期制から年間を通じて優勝を決定する一期制となった。

昭和一四年の開幕となったこの日、三月半ばということもあってまだ寒さが残っていたにもかかわらず、後楽園球場には多くの人がつめかけていた。特に二階席は「ライオン歯磨愛用者ご招待」と銘打って、ライオン歯磨、歯刷子の外箱一個を球場に持参すれば無料で入場できたから相当な入りである。

午前からはじまった入場式は、全チームがグラウンド内に整列するなか国旗掲揚、そして戦没者への黙禱が捧げられた。ひととおりの式の進行が終ると次は新しくなったスコアボードの寄贈式である。

前年秋に東京への度重なる台風通過でスコアボードは被害にあっていた。修復するにも国家総動員法による物資の統制や費用の捻出などで思うようにすすまず、球場は頭をかかえていた。

またとない機会だと目をつけたのが小林商店の平野である。これまでに通天閣などでの野外広告の実績がある。そこで平野は後楽園球場にライオン歯磨の広告入りのスコアボードを設置することを提案したのであった。いままでにない着想である。出場選手やカウント、得点などの試合経過を確認するたびに観客はスコアボードを目にする。視覚的効果は抜群だ。

歯磨の広告入りスコアボード

冬の大リーグ　昭和16年1月5日
（山際康之　所蔵）

LIONの文字が入ったユニフォーム

野球界28巻6号　昭和13年4月1日
（国立国会図書館　所蔵）

球場としても修復費用をかけずに設置できるのだから、こんなありがたいことはない。両者の思惑が一致するとただちに実現の運びとなった。

寄贈式にあたり、外野中央に建てられたスコアボードの両翼には紅白の幕が張られていた。合図によって除幕されると「ライオン歯磨」という大きな文字が現れた。上京してきたばかりの二郎にとっては驚きである。スコアボードが目に焼きついた。

寄贈式とあわせて披露されたのが、山田耕筰の作曲によるライオン軍球団歌「制覇に進む若き獅子」であった。コロムビア所属の歌手である伊藤久男、中野忠晴らとコロムビア・リズムボーイズアンドシスターズによる合唱が球場中に流れる。

「戦機に熟す　いままさに　嵐と勢ふ　白熱の　鉄腕肩に　魂込めて　乾坤《けんこん》！　挙る……

制覇にすすむ　若き獅子　ラ・ラ・ラッ、ラ・ラ・ラ・ラ・ラ　ライオン野球軍」

スコアボードと応援歌、そしてＬＩＯＮの名前が入ったユニフォームを着た選手たちに声援が加わり、球場全体がライオン一色で塗りつぶされたようだった。平野は成果に満足した。

それから二週間ほどして西宮球場では大阪朝日新聞社主催で陸軍省、海軍省後援による「大東亜建設博覧会」が催された。日中戦争による日本軍の戦果を示す展示であるが、前年春にも西宮球場で、「支那事変聖戦博覧会」として開催している。

内容を一新した今年は、球場周辺の施設も会場にして、高射砲、戦闘機といった敵からの戦利品の数々が陳列された。圧巻なのは球場内で披露された武漢攻略を立体的に再現したパノラマである。グラウンドとスタンド全部を利用して、当時の戦況が一望できる。沢村が負傷した大別山

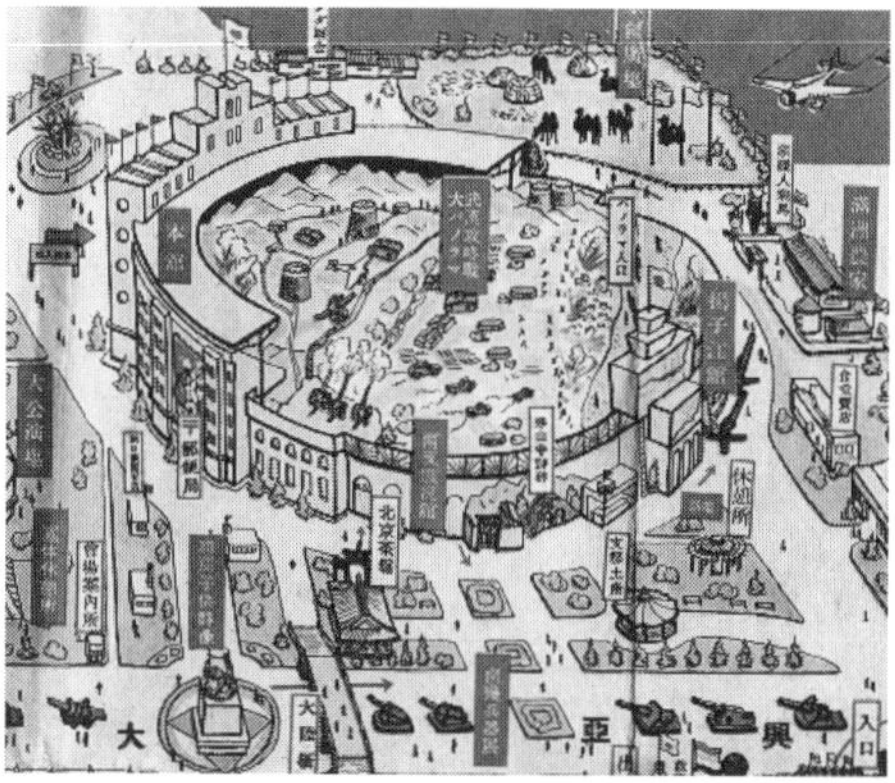

西宮球場で開催された大東亜建設博覧会

大東亜建設博覧会　昭和14年（山際康之　所蔵）

沢村が負傷した大別山の戦闘を再現展示

大東亜建設博覧会大観　昭和15年1月15日（国立国会図書館　所蔵）

の場面は、内野スタンドをすっぽりと覆った展示で死闘の様子がよくわかる。スコアボードには朝日新聞社が、「皇軍将士に感謝の歌」として懸賞募集した「父よあなたは強かった」の終節のくだりが額に掲げられていた。緊迫感ある戦場の再現で、後楽園球場の雰囲気とは大きな違いである。

西宮球場といえば、小林が非難覚悟で競争する阪神電鉄の甲子園球場と目と鼻の先の場所に建設をすすめたものである。相手の縄張りだから土地の買収には随分と難航した。それでも小林の信念はかわらず、用地を含めて約三〇〇万円もの巨額の資金を投じた。

建設にあたっては、米国各地の球場の設計図を取り寄せて検討したほどのこだわりようであった。設計の基本方針は観客の見やすさを重視して、スタンドのすべてが曲線を描き上下層とも傾斜の焦点が本塁にしぼられている。そのうえ安楽に観戦できるようにと、内野の大半に採用した背板のある寄りかかり式座席は自慢のひとつであった。職業野球のために、そこまでして完成させたにもかかわらず、グラウンドに戦争を持ち込むとは、いささか疑問が残る。

いまの小林は阪急電鉄の経営を専務だった佐藤に託して、東宝映画の設立や劇場の運営などの活動に精力を注いでいる。事業への考え方はかわらず、どこよりもよい設備で安く、そして良い物を見せることこそ客を集める条件であると述べていた。たしかに西宮球場は野球以外の催物にも使用できるようにと構想された立派な設備である。しかし戦利品や戦場を再現した展示は、小林にとって本当に望ましいものだったのだろうか。いくら金儲けのためとはいえ度を越えているように見える。いまだ阪急への影響力はあり、野球への情熱も冷めてはいないはずなのだが。その理想はいったいどこへ行ってしまったのだろうか。

軍と新聞社の広告塔

前線から離れたところに設置された野戦病院には、傷を負った兵士らがひっきりなしに運び込まれていた。病院といっても急場のこしらえで、占領した地域にある家屋や学校の校舎などを利用したり、テントを張ったりしたものである。

収容された兵たちの症状はさまざまである。敵の銃弾を受けながらも軽傷で済んだ者は回復しだい原隊へ復帰していく。身体の機能を失うほどの重傷者もいる。そうした兵隊は内地の陸軍病院に移され療養すると、除隊後の社会復帰に向けての職業訓練が行われる。彼らは国を守った鑑《かがみ》として、療養中の白い着衣姿から、「白衣の勇士」とよばれるようになっていた。

沢村が戦った大別山でも多くの負傷者が出た。ただでさえマラリアの多発で身体が弱っているから回復するのも容易ではない。マラリアは蚊を介して原虫が人の身体に寄生すると発熱を引き起こす。その症状は四八時間、七二時間といった一定の間隔で繰り返し襲ってくる。治療はキニーネとよばれる薬を服用することである。

とはいっても戦線は、上海、南京、徐州、そして武漢へ向けての難所となった大別山まで伸びきり物資の補給もままならない。医薬品はどこも皆無で、上空に飛ぶ味方の飛行機に、兵を並べて「クスリ」と訴える部隊もあったほどである。キニーネなどあろうはずもない。傷病兵にとってはなんとも辛い。

沢村も病院で療養中だった。多くの戦友が死に、自らも大別山の戦闘で左手に弾を受け、身も心も傷ついたままである。そんな彼のもとを訪れたのが読売新聞の記者だった。正力の号令のもと他紙に先行する紙面が求められているから、記事のネタになりさえすれば、戦場だろうが病院だろうが、どこにでも行く。職業野球選手だった沢村が戦場で倒れたとなれば、なおさらである。

そもそも読売新聞での沢村の登場は日米野球からはじまった。ベーブ・ルースら米国大リーグの大男たちを相手に勝負した若者の記事は読者の目を引きつけた。リーグ戦が開始されてからも、彼の活躍は写真入りで紹介され職業野球の顔として扱った。なにせ正力は、沢村が入団する際に父親を前にして、「職業野球の時代がやってくる。だから栄治君のことは僕に任せてくれないか」とし、「先の先まで栄治君のことは面倒を見るから、正力を信用して万事お任せ下さい」といったほどの入れ込み具合だった。正力は職業野球を成功させるためには沢村が必要だと、この若き投手にかけてきた。

取材は兵隊になることが決まってからも続き、入営の日には営門前まで駆けつけて沢村を取りあげた。訓練がはじまり、手榴弾投げ演習による投擲距離の記録を更新していくと、いっそう注目の的となった。一般の雑誌までもが報じるようになったから、うま味を知った軍も巧みに沢村を広告塔として使っていった。

読売新聞の記者は大陸に渡った沢村をさらに追いかけた。武漢攻略前にも聞き取りをして勇ましい兵士として披露した。こうなると正力の読売にとっても軍にとっても都合のいい存在である。彼の負傷さえも利用する。死傷にまつわる記事は軍にとっては不利な情報だが、果敢に戦った投

野戦病院の傷病兵

写真週報53号　昭和14年2月22日
（国立公文書館／アジア歴史資料センター　所蔵）

得意の手榴彈投

○○部隊一等兵　澤村榮治

巨人軍が再び秋の覇權を握つたと聞いてほんとに嬉しかつた、僕の命が一ぺんに蘇りた氣がしました何しろ戰地へきては新聞もちつとも讀めないしリーグ戰の動きがどうなつてゐるのかちつとも分らないので、スタルヒン君の腕がどんな狀態だか、ほかのみんながどんなに張り切つてゐるか、皆目知らないのでたゞ無暗と心配ばかりしてゐたのだ、宇野さんからもらつた手紙で初めて優勝と知つた時は全く雀躍りしたものだつた

僕なんか左の手だけの負傷で全く勿體ない位の輕傷だ、もう彈も破片も拔いちまつて何ともないのだが、たゞ左手の中指が思ふやうに動かないので困つてゐる、でも右腕は大丈夫だから今一度プレートに起つ自信は十分

入院中にもかかわらず投球を披露する沢村

読売新聞　昭和14年1月5日（国立国会図書館　所蔵）

手は別格である。入院後の読売新聞による取材は三度にもおよんだ。

記者の前に現れた沢村は静養中で動くこともないからか、すこしふっくらとした顔つきのように見えた。傷の具合を聞けば、左手の中指つけ根に被弾したのだという。すでに弾の破片は取り除かれていたが、いまだ中指は動かないでいた。大事にはいたっていないとはいえ、左足にも迫撃砲の破片が入ったままだった。

はたして野球はできるのか。記者も気になるところだ。さいわいにも利き腕ではないので大丈夫だと、沢村は気丈にふるまって見せた。そうはいったものの、出征してからというもの野球のことはすっかり忘れてしまっていた。まさに生きるか死ぬかで、それどころではなかった。それでも彼は選手たちを気遣い、記者からの呼びかけに対して、「各チームがいよいよ強化されて華々しい発展を遂げることを心から期待している」と激励を贈ったのだった。

聞き取りが終れば、あとは写真撮影である。新聞社も球団も正力の傘下で、同じ組織の一員のようなものだから静養中でも遠慮がない。病院の庭でボールを握ると投球の真似ごとをして記者の要望にこたえてみせた。

早速、記事になった紙面は写真入りで掲載され、「得意の手榴弾投」と見出しが添えられた。だが、それはいまだ発熱を繰り返して癒えない沢村の本当の姿とは、かけ離れたものだった。

開花した選手たち

ほう、これが職業野球の技術というものか。

リーグ戦がさかんになってきた五月、浅草の大勝館や新宿の武蔵野館では、映画「野球の妙技」が封切りされた。かつて六大学で名を馳せた苅田や若林らの登場に加え、スタルヒンといった、まだ見ぬ顔がスクリーンへ映し出され、「野球人も一般人も見逃せない」という宣伝どおり職業野球に馴染みのない客にとっては新鮮だった。

映像のなかで躍動していた選手たちは、本番のリーグ戦でも徐々に調子をあげはじめると、各チーム同士が接戦を演じるようになっていった。博覧会での勇ましい展示に触発されたわけでもあるまいが、最初に首位を走ったのは阪急軍であった。

結果を語るのはまだ早い。今年から年間九六試合を競う長丁場の一期制となったから持続的な勝利が求められる。夏場になると虎視眈々《たんたん》と首位の座を狙っていた前年の覇者タイガースが実力を発揮してきた。「野球の妙技」の場面を再現するように若林の変化球がさえわたり、景蒲は本塁打を連発してチームを躍進させていった。

秋になり終盤戦に入ると、こんどはタイガースを押しのけ巨人軍が首位に躍り出てきた。前年は優勝を逃しているだけに、なんとしてでも頂点の座に返り咲きたい。原動力はスタルヒンである。新人の中尾も頑張りを見せたが、いかんせん制球力不足でどこに球がいくかわからない。安定感を考えると監督の藤本はどうしてもスタルヒンに頼ってしまい連投につぐ連投となった。彼はその求めにこたえて奮闘し、あれよあれよと四二もの勝利をあげて巨人軍を優勝に導いていった。沢村が不在のなかでの大黒柱といってよい。

無論、投手陣をささえたのは打線である。なかでも川上は南海軍との開幕戦こそ投手として先発していたが、そのあとすぐのセネタース戦に先発一塁手で登場して安打すると、しだいに五番に定着していった。ライオン軍との北海道の宣伝巡業で打撃を会得した川上は、帰りの青函連絡船のデッキで監督から、「テツ、東京へ帰ったらファーストミットを用意しておけ」と告げられていた。ベンチでふさいでいたあの投手は、この機会を逃すものかと打率・三三八で首位打者を獲得し見事に開花したのだった。

苅田が指揮するセネタースは回転捕球の尾茂田が攻守の要となり奮闘した。四位ながら五割を大きく超えるチームの勝率を残すことができたのは、なんといっても野口二郎の存在である。新人の二郎はスタルヒンを上回る六九試合に登板して三三勝一九敗を記録した。完投数も三八試合でスタルヒンと並んだ。兄に負けない逸材を前にして、苅田もつい、「行け、二郎」と登板を指示してしまう。

まだある。兄さながらに投手として登板しないときは四番を打ち、一塁を守った。リーグ戦がはじまる前から苅田は、「お前、バッティングでもいけるんじゃないか」と二郎の素質に惚れ込んでいたから、これまた打撃でも頼りにする。戦争の最中、こうして野球ができるという喜びからであろう。彼はいやな顔ひとつせずにグラウンドへ向かった。

もうひとりの新人も驚くべき結果を残していた。南海軍の鶴岡は三塁手として軽妙な守備を見せると、打っても一〇本の本塁打を放って最多本塁打を獲得したのだった。二桁の本塁打数は、前年秋季の巨人軍中島治康の記録に続く二人目となる快挙である。主将としてもチームを奮い立たせて牽引してきたから大したものだ。

優勝した巨人軍の
藤本監督（左）

野球界28巻13号　昭和13年9月1日
（国立国会図書館　所蔵）

搖がぬ"打撃王"川上
本塁打は鶴岡が首位（十本）
大リーグの個人通算打撃調べ

川上（上）と鶴岡

一年一季制を布いた大リーグ昭和十四年度シリーズは雨に一月延び十一月五日いよく終幕となる、最高の榮冠十四年度優勝は既に巨人軍の手に落ちたとはいへなほ"秋の陣"の勝敗は注目される程の激戦ぶりである

チームの起伏以上に個人成績のリーディング・ヒッター争覇も目まぐるしく春夏を通じて一位を動かなかつた川上（巨人）は秋

稍々低調にあつてベスト・テンから姿を消してはゐるが春夏秋を通算すると再びその勇姿を現し、その打率三割三分七厘は遙かに群雄を壓して王座にどつかとすわつてゐる、残された今後の二試合に如何なる強打者が猛威を揮ふとも川上の一位は些かも揺ぎを見せぬ大記録である

現在三割打者として川上に續くは平山（巨人）千葉（巨人）大澤（名軍）松木（タ軍）の四者、不振中の千葉

といはれる三割を持してゐる四選手の努力もさることながら三割

打者五人の内三人まで出した巨人軍の誇りは一年一季制の覇者たるにふさはしい燦然たる記録である

六位以下の各選手も何れも好打者として知られた人達が順當に占めるのも打撃の向上が一朝一夕に成らざるを物語つてゐる

打撃の華本塁打競爭は南海の巨砲鶴岡三塁手が十本（春2夏4秋4）を放ち中島、リベラ（巨人）加藤（名軍）の六本を遙かに引離してゐる

打撃廿五傑

打数250以上	試合	打数	安打	塁打	打点	打率
川上（巨人）	92	335	113	166	74	.337
平山（巨人）	86	262	82	105	42	.314
千葉（巨人）	93	346	106	128	49	.306
大澤（名軍）	92	340	104	126	44	.306
松木（タ軍）	90	326	98	131	38	.301
鬼頭（ラ軍）	91	354	106	139	48	.299
鶴岡（南海）	90	322	93	154	54	.289
中河（イ軍）	75	280	80	90	25	.286
中島（巨人）	94	385	107	162	57	.278
水谷（ラ軍）	93	347	95	127	39	.274
國久（南海）	92	347	94	129	30	.271
白石（巨人）	93	353	95	126	33	.269
上田（阪急）	89	312	84	103	42	.269
山下好（阪急）	88	320	88	110	46	.268
加藤（名軍）	89	326	87	134	44	.267
尾茂田（セ軍）	93	353	94	128	53	.266
山田（阪急）	91	354	90	108	15	.254
門前（タ軍）	88	322	81	124	51	.252
桝（名軍）	88	313	80	93	25	.252
野口（セ軍）	89	334	83	99	25	.249
坪尾（タ軍）	93	382	94	131	53	.247
水原（巨人）	94	349	85	107	40	.244
本堂（タ軍）	74	292	76	112	36	.243
野村（金鯱）	90	325	78	104	32	.240
岡村（南海）	86	296	70	88	37	.237

本塁打

鶴岡（南）	10
中島（巨）	6
リベラ（巨）	6
加藤（名）	6
門前（タ）	5
坪尾（タ）	5
本堂（タ）	5
川上（巨）	4
尾茂田（セ）	4
苅田（セ）	4
中村（名）	4
中河（イ）	4
白石（巨）	3
千葉（巨）	3
小林茂（金）	3
小林（金）	3
景浦（タ）	3
木村（巨）	2
宮崎（タ）	2
濃人（セ）	2
平井（南）	2
日比野（阪）	2
大沢（名）	2
服部（名）	2
鬼頭（ラ）	2
水谷（ラ）	2
島田（イ）	2
菅原（イ）	2

首位打者の川上と
最多本塁打の鶴岡

読売新聞　昭和14年11月11日
（国立国会図書館　所蔵）

これからもっと大暴れするだろうと期待も高まる。しかし、戦争がますます激化するなか、選手を続けていくことなど、もはや社会は許してはくれなかった。すでに鶴岡は徴兵検査を受け甲種合格になっており、戦場行きが決まっていた。たった一年だけで終りを告げた幻の新人選手は寂しく去っていった。

出征を見送る父

紀元二六〇〇年に当たる昭和一五年は、年明けから国をあげての祝賀一色につつまれていた。有馬も大臣の職を辞して肩の荷がおり、さぞや晴れやかな正月を迎えただろうと思いきや、どこか落ち着かない。

無理もない。実は三男である頼義の入営の日がせまっていたのであった。息子の軍隊入りは家族の心配のタネだった。長男は早世し、次男もぜんそくを患い寝たり起きたりでいくつまで生きられるかという状況だった。おのずと残った男子の頼義に家督を継ぐ期待がかけられていただけに悩みも深い。

有馬家から軍人が出るのははじめてのことである。なんとかしてやれないかとすがる妻に対して、有馬は「国民として正々たる道を歩むべきだ」とさとした。手をまわして徴兵検査ではねられるよう誰かに頼もうにもバレたら大事になる。あきらめるしかない。

とはいったものの、いざ入営が近づいてくると有馬本人も、なんとも複雑な気持ちになった。それというのも学校で真面目に勉強していれば、この時期に徴兵されることなどはなかったはずだった。頼義は学習院初等科を卒業後に成蹊中学へ進学したが、野球好きが高じて勉学に身に入らなくなり中退していた。父も野球に熱中しすぎて落第していたから親譲りである。その後、頼義は再び早稲田第一高等学院の門を叩いたものの、やはりここでも学業そっちのけで喫茶店や玉突きなどに通う毎日となった。

彼と同じような不良学生は世間でもそう珍しくない。事実、麻雀クラブ、ビリヤード場、映画館といった娯楽施設やカフェ、ダンスホールといった盛り場に多く見られた。とはいえ、いまや戦時下である。国家総動員法により国民は幅広く統制されている状況で、学生だけ呑気にしている場合ではない。時局柄、本分をわきまえた行動が求められる。

たまりかねた警察は、「非常時局をわきまえず学業を放擲して不良行為に耽る学生を取り締まる」として、銀座、浅草、新宿といった繁華街で一斉に学生狩りを行った。昭和一三年二月の三日間による取り締まりでは、実に七三七三名の検挙者数におよんだ。

警察による監視がその後も継続されると、頼義は運悪く学生狩りに引っかかってしまった。さいわい説教だけですんだものの手のかかる息子である。

頼義が検挙されたのは、ちょうど有馬が農林大臣だったときだった。なんとも時期が悪い。閣議では大学の改革論と関連してサボ学生の風紀問題が話題になっており、この際、徴兵猶予を取り消してはとの意見が出ていた。議論の末、政府は、「学生の実情に鑑み徴兵猶予を短縮」するとして、大学在籍者の徴兵猶予年齢を二七歳から二六歳に引きさげる兵役法の改正を決定したのだった。まさか息子が検挙された不良学生のひとりだともいえず、皮肉にも政府の閣僚である父は若者を戦地へ向かわせる決断をしたのである。

当然、頼義の素行は学校でも問題視された。授業への出席も足りないから成績も芳しくない。担任の教師は頼義が欠席すると、「おやじは偉いが、息子はぐうたらでしようがない」と匙《さじ》を投げていた。

とうとう有馬のもとへ成績表が送られ、退学届を提出するよう勧告されるまでにいたった。息子は改心したと大臣はわざわざ学校へ出向いて頭をさげたが、もはや卒業は難しい状況であった。不良学生に対する規制を自ら決定しているだけにゴリ押しもできずなんとも歯がゆい。

おまけに頼義の立場を悪くしたのは、彼が雑誌で書いた小説の原稿料を受け取っていたことであった。日頃から父は文学が人々へ与える影響について高く評価していた。それ以前に頼義が書いた短編小説集「崩壊」でも息子の出版を喜び、冒頭に、「頼義の持つ思想が知らぬ間に私自身の若い考えと一致しているのを知った」とはなむけのことばを添えている。

しかし学校はというと本の内容に眉をひそめ、しかも学生の分際にもかかわらず原稿料を受け取るなどけしからんとして中退を決定したのだった。このまま勉学を続けていれば大学への進学となり徴兵は猶予されるはずだった。学生という身分がなくなると、頼義は徴兵の対象となってしまったのである。

華族という家柄にもかかわらず一等兵で入営するなど聞いたことがない。学校での軍事教練も軍隊に行ってからと身を入れず、髪もいずれ兵隊になれば刈ることになると長いままだった。社会に反抗してきた息子は本当に軍という厳しい組織のなかでやっていけるのだろうか。なにより

戦時下の学生生活

写真週報67号　昭和14年5月31日

（国立公文書館／アジア歴史資料センター　所蔵）

出征を見送る家族たち

（山際康之　所蔵）

も兵隊になれば命の保障などない。出来の悪い子ほどかわいいのは身分に関係なく共通する親の気持ちである。

これが最後の正月になるかもしれない。入営は一月一〇日であった。有馬は元日の夜にもかかわらず、頼義のお別れ会の余興に使う福引きクジ作りに時間を費やした。数日後に二〇名ほどの宴を催すと、クジ引きや野球遊戯を息子のために披露してみせた。

どんなことがあっても生きて帰ってきてくれ。出征の日の朝、玄関前で、君が代、愛国行進曲が歌われると、父は、「私も入営のつもりになろう」と誓った。そして頼義が乗る列車を見送ると、そのせつない気持ちを日記に綴った。

どうか幸で無事であって欲しい。留守中に私も出征者の家族であることを忘れまい

これまで有馬は国家という大局的な視点で隣国への派兵を考えてきたが、息子の出征により戦争というものが一気に身近なものとなった。家族を送り出す思いは誰しも同じなはずだ。はたして、これまでの判断は正しかったのだろうか。有馬は再び政治のあり方について模索しはじめた。

グラウンドを越えた武勇伝

頼義の出征と入れ違うように、日中戦争のはじめに戦地に赴いた選手たちが内地に帰還してきた。沢村の連隊も大陸での任務を終えると故郷へ凱旋をはたすことになった。

三重の阿漕《あこぎ》駅に列車が到着すると、街の人々は日の丸の小旗を打ち振り、万歳を連呼して出迎えた。しばし家族との面会が許されたあとは、熱狂的な歓迎のなかで連隊までの行進となった。他の兵隊よりも頭がひとつ出るほどの長身の沢村は、軽機関銃を肩にかつぎ行軍ラッパに歩調をあわせた。彼にとっては一年三カ月ぶりの懐かしい営門である。

野球のことなど、なにもかも忘れてしまい頭にない。あるのはお国のために戦い抜いた誇りである。沢村以外の職業野球の選手たちも戦場で立派な働きをして続々と帰還してきた。

徐州で任務についていた金鯱軍外野手の新井一にも勇敢な戦歴がある。朝方に彼の隊が五〇人ほどの中国軍から不意をつかれて攻撃にあったときのことである。このままでは全滅してしまうと、班長だった彼は後方にいる援軍をよぶために自ら志願して危険な伝令役となった。馬に乗っていくことをすすめられたが、新井は走ったほうが早いと判断すると敵の弾が飛び交うなかを疾走した。

一里（約四キロメートル）もの距離があったが、グラウンドで発揮した脚力の見せどころである。ありったけの力をふりしぼって走り続け、見事伝令に成功した。新井の必死の訴えにこたえようと歩兵部隊が駆けつけ、敵を蹴散らして二個中隊の仲間を救ったのであった。

阪急軍外野手の日高得之は、石家荘、南京、そして徐州へと転戦してきた。のちの武漢攻略における大別山の戦闘に沢村と同じく参加したひとりだから武勇談も多い。

上海から南京への道のりでは、八〇〇〇人からなる中国軍に遭遇したことがあった。よく見れば日本軍にはかなわないと白旗をあげて投降してくる様子である。もし戦闘になっていたらたい

沢村は帰還して上等兵になった

野球界29巻17号　昭和14年11月1日（国立国会図書館　所蔵）

除隊が近づく沢村

野球界30巻11号　昭和15年6月1日（国立国会図書館　所蔵）

へんなことになったであろう。肝を冷やす出来事だったものの棚ぼたによる戦果となった。

石家荘での戦いでは敵の油断をついて勇敢にも塹壕《ざんごう》へ突入し、一個中隊を捕虜にする手柄をあげた。阪急軍を立ちあげた小林一三は知るはずもないが、西宮球場で再現した大別山の死闘でも、日高は弾雨をものともせずに生き抜いてきた。いずれの戦闘も鮮明な記憶としてまだ残っている。

徴兵されたのは選手だけではない。同じく阪急軍からは球団のマネージャーとして働いていた片岡勝が出征していた。もともと彼は小林が手がけた職業野球団の先駆ともいえる宝塚運動協会の捕手だった。阪急軍が旗揚げされると裏方としてささえてきた。

その彼も戦場で勇ましく戦った。敵前三〇〇メートルからの突撃となったときのことである。一緒に突進した戦友が、敵の銃撃が左肩を貫通して絶命すると、その弾丸は自分の銃先に当たった。それはまるで捕手がファウルチップを真正面に受けて脳震盪《しんとう》を起こすときのような衝撃であった。

それでもひるむことはない。いままで苦楽をともにしてきた仲間は自分の身代わりになって戦死したのである。片岡は仇だと、そのままつっこむと、圧倒された敵は無抵抗となり、見事に陣地を制圧したのだった。

いずれも数々の戦歴を残してきた。培われた強靭な精神と仲間を思う気持ちは、きっと除隊後、職業野球に復帰しても役立つに違いない。

実際、帰還してきた名古屋軍外野手の吉田猪佐喜《いさき》は、軍隊式で指導したら素晴らしいチームができると述べた。戦友を救った新井は、「軍隊でやってきたことを野球選手の生活に入れて、後輩の指導に当たるつもり」だと意気込みを語った。

沢村も軍隊での経験から、「野球は個人ばかりがうまくても駄目で、団体的に融和を図らなければならん」といった。巨人軍をひとりで背負って投げ抜いてきた彼にとって、いままでにない発言である。そのうえ、正々堂々とやっても負けたら駄目として、「絶対に勝たねばならん」と熱弁した。戦場での働きが認められた沢村は、帰還すると上等兵になっていた。

そんな沢村に待ちに待った除隊のときがやってきた。やはり自分にできることは野球しかない。これまでの経験がきっと活きるはずだ。沢村の心は躍った。

みじめな復帰

沢の奴、もう来てもよさそうなものなのに。

監督の藤本がそんなひとり言をつぶやいていたときのことである。丸坊主で背広姿の沢村が、関西で試合をするために宿泊していた巨人軍の選手たちの前にひょっこりと現れた。戦地へ向かう直前に会って以来の久しぶりの再会である。お国のために戦ってきた顔つきは見違えるくらい頼もしくなっていた。おのずと期待は高まり、早くあの投球を見てみたいと誰しもそう思った。

それを感じとった沢村は、試合の合間の休日だったにもかかわらず、話もそこそこにユニフォームに着替えると、早速、捕手の吉原を相手にキャッチボールをしてみせた。

「いますぐにでも昔のような速い球が投げられますよ」

そうした沢村に対して藤本は声をかけた。

「沢村、無理をするな」

藤本は投げる姿を見るなり、とうてい試合に登板できる状態でないことを知った。口には出さなかったが明らかに投法がバラバラである。

本当に復帰できるのだろうか。不安視したのは監督だけではなかった。沢村が不在中に入団してきた京都商業出身の後輩である中尾も、学生時代に見た伸びるような球の面影はないことに気付き、復帰まで容易でないことを感じとった。

勿論、それを一番知っていたのは沢村自身だろう。大別山の戦闘で左手の中指つけ根に被弾している。右腕でなかったのが救いである。怪我は回復してきたが、なによりも肝心の体のほうは固くなって動かない。

思えば隊では戦友がうらやむ軽機関銃の銃手となったものの、長時間の行軍で一〇キロ近い銃を肩にかついで移動してきた。肩に余計な筋肉がつくのも無理はない。それに軽機関銃発射の振動は相当なものだから腕などへの影響も心配だ。軍隊で鍛えた精神と肉体があれば、何でもできると思っていたのだが、戦闘する身体と野球で求められる身体と力は違うようである。

そのうえ軍隊での日課は規則正しく、世間よりも少なからずいいものが食べられるから体重が増えていく。選手として好調だった頃は、一八貫（六七・五キログラム）である。兵隊に行く前には一八貫六〇〇匁（約六九・八キログラム）だったのが、いまでは一九貫五〇〇匁（約七三・一キログラム）にもなっていた。

沢村は飯を二杯以上食べないなどして体重を減らすところからはじめた。そして時間をかけて基礎的な体づくりをすると徐々に調子をあげていった。試合に出場するとなれば肩さえ鍛えればいいというものではない。最初は足の先から動かし、走り込みによって腰を強くして体全体を整えることが大切である。「初年兵からやり直すつもり」だと意気込んだ。このままなら登板の日もそう遠くはないだろう。

そんな期待が打ち砕かれた。試合にそなえてグラウンドで汗を流し走っていたときのことである。突然、沢村は外野付近でしゃがみ込んだ。様子が変だと選手たちが慌てて駆け寄ると沢村が叫んだ。

「ちくしょう、マラリアが出た」

膠着状態が続き、食糧が欠乏した大別山の戦闘ではマラリアにかかる兵士が多く出た。実のところ沢村も、そのひとりだった。どうやら急激な練習と減量で体が弱って病がぶり返したようである。復帰は遠のいた。

それでも沢村は登板を夢見て黙々と励んだ。試合前の練習で、ただひとり真っ白なユニフォーム姿の彼を見つけるとスタンドから、「沢村だ」という声が聞こえてきた。やはりファンは沢村の登場を待ち望んでいたのである。

早く試合に出て昔のように投げてみたい。焦る沢村は、「是非投げさせて下さい」と、監督に直談判した。試合に出場させるのが一番の特効薬かもしれない。気持ちを察した藤本は、沢村の体調を見ながら甲子園球場での復帰を決めたのだった。

ところが大阪へ向かう列車内で、またもや沢村が発熱してしまった。薬局でキニーネを買ってきて服用させてはみたが、一時的に熱が収まったかと思うと、突然、四二度もの高熱が襲ってくる。繰り返す症状に沢村は苦しめられた。

ようやくマウンドへの復帰をはたしたのは、昭和一五年のリーグ戦が開幕してから三カ月近く経った南海軍との試合だった。鶴岡の抜けた打線に助けられた格好となったが一点に抑える完投勝利である。とはいえ球威、制球力、そして最も誇る速球のいずれも皆無で、どこか手放しで喜びきれないものといえた。

心配は現実となり五日後の阪急軍との対戦では、三回投げて四安打の三失点であった。なんとか後輩の中尾の救援でチームは勝利したものの、安定感はなく心もとない。大臣を辞めて再び後楽園球場の常連となった有馬は、久しぶりの沢村を見て、「まだ本調子でない」ことを知った。

それでも七月に入ると名古屋軍との試合で、自ら三度目となる無安打無得点を達成したからさすがである。沢村にとっては、きっかけがほしかっただけに大きな勝ち星となった。

しかし、その希望を打ち砕くかのように、続くライオン軍との試合に登板すると、またもや初回に三安打三失点の乱調ぶりで一回で降板する結果になった。無残な出来にスタンドからは、「そのザマは何だ!」という罵声が飛んできた。

「ファンの人は、調子の良いときのことばかり記憶していて、悪いときのことはみんな忘れているので、とても辛い」

沢村はいたく心を傷つけられ、すっかり自信をなくしてしまった。

昭和一五年の試合日程は、八月いっぱい満洲日日新聞社主催による紀元二六〇〇年の記念行事

復帰を目指す沢村

野球界30巻14号　昭和15年7月15日
(国立国会図書館　所蔵)

大連に入港する職業野球団一行

満洲日日新聞　昭和15年7月30日（国立国会図書館　所蔵）

として、満洲の地でのリーグ戦が予定されていた。開催は奉天、新京、大連、鞍山といった都市で、一チーム一六試合の全七二試合が行われる。海を渡った夏の満洲で一カ月もの間、各都市を移動しながら試合が続く日々となる。体調もカンも戻らないなか、はたしてやっていけるのだろうか。不安をかかえながら沢村は旅立った。

再び表舞台へ

中国との戦争ははじまって三年が経つが、先行きが見えず社会に暗い影を落としていた。前年には欧州でポーランドに進攻したドイツに対して英、仏が宣戦を布告して戦火の広がりを見せていたから余計に不安が募る。官僚、政治家、知識人といった各方面から、既存の政治では限界だという声があがるようになっていた。

それを打破する旗頭として期待されたのが近衛である。一度は政権の座から降りたとはいえ、いまだに世間の人気は高い。国民の支持を背景に活動すれば、軍も抑えることができ、戦争も収束の方向へとすすむであろうと思われた。有馬はかねがね近衛を党首とする新党の結成を模索してきた。当の近衛も新党への意欲を見せていた。しかし、いつものことで、気持ちは揺れていた。もし強大な権力を持つ党ができれば、それは幕府ではないかという批判を恐れたのであった。こうして近衛がおよび腰になると、新党の計画は頓挫した。

それでも近衛の再登場を望む気運はますます高まるばかりで、それまでバラバラだった革新を望む勢力も、やがてひとつの流れとなっていった。陸軍も例外ではない。躍進するドイツはアドルフ・ヒトラー率いるナチスによる一党独裁である。これをお手本にすればよい。こうして陸軍は米内光政内閣に見切りをつけると、近衛擁立に動いたのだった。

時が来たと感じた近衛は、「新体制確立のために微力を捧げたい」と表明し、枢密院議長を辞任して政権復帰への意欲を見せた。近衛は大正七年、雑誌『日本及日本人』に、「英米本位の平和主義を排す」と題する論文を発表し、以来、それを自身の貫流する思想としてきた。

いわゆる反英米依存主義、反資本主義、反自由主義という考え方であり、これが新体制の基礎となる。国民は具体的な内容はわからなかったが、「新体制」ということばの魅力にとりつかれ、「よくなるかもしれない」という願望から近衛の政権復帰を歓迎した。

かくして昭和一五年七月二二日、第二次近衛内閣が成立した。早期の戦争解決が望まれるなか、要の陸軍大臣に任命されたのは東條英機である。

軍事だけではなく外交による打開も重要である。近衛が起用した外務大臣は松岡洋右《ようすけ》だった。彼は満洲事変の収拾において、日本の代表として国際連盟総会で脱退を通告して退場したことでも広く知られている。周囲は松岡が政府の方針から逸脱するのではないかと反対したが、近衛は耳を傾けることなく松岡の国際感覚を頼りにした。

はたして本当に大丈夫なのだろうか。前回の内閣でも聞き伝わってくる評判程度で板垣を陸軍大臣に任命したが、思惑とは逆に戦火が拡大していった。思いつきの人事は懲りているはずなのだが。

新しい顔ぶれのなか世間が注目したのは、中国との戦争の最中に経済を推進する商工大臣であろう。重責を担うのは、なんと民間から「当代名うての明敏」として阪急電鉄を発展させた小林一三だった。当初、近衛は商工省の事務次官である岸信介を考えていた。その岸が財界出身者がよいと辞退したので小林に白羽の矢が立った。

これまで小林は戦時における経済から今後の産業界、職業教育まで現状を打破するための持論を世に発表してきた。その中身は、いち早く平和な世の中を回復し、資源開発や産業振興などは中国に八割の利益をもたらしてでも長期的な視点で共存共栄の関係を図るべきだとした。また理化学や機械工学といった分野で専門性の高い人材を育て、産業界で登用すべきだとも述べてきた。政治家や官僚にはない実業家としての新鮮な発想は大いに期待されるところである。イタリアとの経済交流を深めるために使節として渡航中だった小林は、近衛からの大臣要請の電報を受け取ると帰国を急いだ。

内閣が発足して一カ月後、新体制準備委員会の陣容が発表された。新体制の実現にあたっては基盤となる組織が不可欠である。以前、有馬が計画してきた新党との違いは国民による参加である。軍によって政治が左右されないように国民全体が結集して物事を解決していくことを目指していくというものだった。

委員会の中心にいたのは有馬である。つい先日、頼義が一等兵になった報せを聞いたばかりであった。戦地にいる兵士からの手紙がラジオで流れると、それを息子に重ねあわせてしまうほどになっていた。農林大臣だったときには時勢に押されて、戦争の拡大を黙認してしまった。こんどこそ国民のために粘り強く取組むと再び立ちあがったのである。

商工大臣になった小林

写真週報132号　昭和15年9月4日（国立公文書館／アジア歴史資料センター　所蔵）

新体制準備委員会　有馬（最前列右3番目）、正力（3段目右2番目）

新体制準備委員会　昭和15年（国立公文書館　所蔵）

新体制準備委員会の委員には、政治、学術などの各界の代表者に交じって読売新聞社社長の正力の顔もあった。有馬とはかつてセネタースを立ちあげた頃から続く間柄である。職業野球の会合では、たびたび席をともにして交遊を深めてきた。

ここに職業野球を誕生させた三人が再び近衛を中心に集結した。趣味が高じて球団まで持つハメになった華族の有馬。購読者の拡大を見込んで球団を利用した新聞人の正力。球団を経営として考えた企業家の小林。いま、その彼らが日本の未来を決めようとしている。

八月二八日、初の会合となる新体制準備委員会が開催された。近衛は、「万民翼賛のいわゆる国民組織の確立」とする新体制に関する内閣総理大臣の声明文を読みあげ挨拶とした。

近衛により出席した委員と閣僚のなかから、当日の座長として有馬が指名されると本格的な審議に入った。進行を務める有馬にとっては出席者の意見を一致させていきたい。腕の見せどころである。

ところが、議論が白熱していくと、革新を目指す者たちと既成勢力との間で見解の違いが鮮明になっていった。立憲政友会や立憲民政党といった政党が続けざまに解党し、新体制に合流してきたが、考えはどこか噛み合わない。

さらに陸軍大臣の東條からは軍隊は大元帥陛下の統率の下にあるとして、暗に新体制と直接的な関係を持つことを否定する意見があった。これでは軍を抑えることなどとうていできまい。

委員会は開始されたものの、それぞれの思惑が重なりあい危うさが露呈してしまった。このままでは挙国一致などほど遠い。新体制運動は早くもその前途多難な行方を予感させた。

苦難の満洲リーグ

日本の満洲への進出は開拓団の入植からはじまり、企業が現地で事業展開するようになるとさらに多くの日本人が移り住むようになっていった。いまでは大連に一七万人以上もの在留者がいる。そうしたなか日本野球連盟理事であるイーグルスの河野安通志は、大陸に在住する一〇万の青年に野球を通じて日本精神を吹き込む意味から満洲に打って出るべきであると持論を展開し、職業野球のリーグ戦を実現させた。

七月三一日から一カ月間にわたり行われた試合の人気は相当なもので、主催する満洲日日新聞社が奉天、大連、新京の三都市で前売券を発売するやいなや、客が殺到して数分間で六万円も売上げるほどだった。

いざリーグ戦が開幕すると選手たちには過酷な遠征となった。大陸の移動は日本とは比べものにならない規模である。巨人軍の列車の移動距離は七五〇〇キロ以上にもおよんだ。おまけに晴れていたかと思うと一転、豪雨となる気まぐれな天候である。試合の日程は変更につぐ変更となり、おのずと強行軍となっていった。体調の維持が求められる選手にとってはなんとも辛い。

さらに選手たちを閉口させたのは宿舎の南京虫である。夜中に目を覚ますと、うじゃうじゃと南京虫が現れ、体中喰われてしまう有様だった。睡眠不足はもとより、試合中も掻くのに忙しく、集中などできるはずもない。

過酷な長旅で一行は疲労困憊《こんぱい》に陥った。心配した連盟理事長の鈴木龍二は毎朝、下痢止め薬の征露丸二粒を選手に配給して体調管理に努めたが、どれほど効果があったかはわからない。ましてや沢村はマラリアに苦しめられていたから余計に体調は思わしくない。連盟の理事でもある巨人軍の野口務は、沢村を案じて奉天への試合には同行させずに大連に残すことにした。同じくロシアからの亡命者で無国籍であるスタルヒンも査証がなく、自由に移動することへの懸念から待機させた。日本人が多いとはいえ外地にはかわりない。好き勝手に行動するのは危険である。

ところが、こうした措置に対して巨人軍が特別扱いだという批判が出た。他のすべての選手は文句をいうこともなく移動しているというのだ。すぐさま現地で緊急の理事会が開かれ、各都市での試合に全選手が出場することが確認された。万が一、参加不可能な場合は医師の診断を必要とすることも決めた。沢村は重い体を引きずりながら試合に臨むしかなかった。

あれほど元気だった二郎も、前年の過度な登板がたたり肩痛に悩まされていた。心配した苅田は満洲に行く前に有馬に相談して医者を紹介してもらったものの回復とはいかなかった。妙案はないかとひらめいたのは大学時代に通っていたマッサージ師であった。早速、苅田は球団に頼み込んで出費してもらうと、二郎の専属治療係として満洲に同行してもらったのであった。

いずれ兵隊にとられるだろう。結果はともかくとして、「投げられるときに、たっぷりと野球を楽しんでもらう」と苅田は気遣った。二郎もそんな気持ちにこたえようと奮起するとマウンドに向かった。

満洲でのリーグ戦は、スタルヒンによる圧巻の投球により巨人軍が制覇した。そのほかにも阪急軍石田光彦による無安打無得点や、打っては川上とライオン軍の鬼頭数雄による首位打者争い

南京虫に悩まされた宿舎

秋の大リーグ　昭和15年9月15日
（山際康之　所蔵）

全選手が出場
各大會に聯盟申合せ

惱みの際に敢々と起ち立った奉天ファンの躍れるやうな拍手に迎へられて待ち兼ねた奉天の第一戦は金鯱軍對巨人軍の間に花々しい戦ひが繰まれたが、三十日の入場式にもこの日の試合にも巨人軍の至寶澤村、スタルヒン兩投手の颯爽たる勇姿が見られずファンは一抹の不安と失望を感じた、本社に臨時本部を置いてゐる日本野球聯盟では三十日午後の緊急理事會の席上、兩選手の問題にふれ、又今後の同様な問題の防止のため左のやうに聞き申合せを行ひ、滿洲リーグに對する聯盟の強い熱意と成功を期してゐる

飛行機嫌ひの澤村投手は例のスピードボールに懸念して滿洲リーグでこそ完全に入場の

寫眞（上）澤村投手（下）スタルヒン投手

理事会で問題になった
沢村とスタルヒンの休養

満洲日日新聞　昭和15年8月1日
（国立国会図書館　所蔵）

といった見せ場の数々でリーグ戦は大盛況となった。無事に幕を閉じた興行の総収入は予定していた倍額以上の二三万円にもなった。春季リーグ戦に等しい金額だから大きな成果だったといえる。

やれやれこれで日本に戻れる。満洲での興行を終えて日本野球連盟一行がようやく帰国すると、安堵もつかの間、龍二のもとにはたいへんな出来事が待っていた。それは有馬らによる新体制運動である。満洲で試合をしているうちに日本では社会の空気が一変していた。

初回の新体制準備委員会終了直後に有馬は、「我等は大御心を奉戴し、一切の私心を去り、過去になじまず、個々の立場に捕らわれず、協心戮力もって新体制確立のため、全力を尽くさんことを誓う」と表明していたが出席者は呉越同舟でまとまりがない。基本となる要綱について、いまだ決まらず有馬の憂鬱は続いていたが、世間はそんなことを知るよしもない。

なにせラジオでは新体制世直し放送と銘打って、準備委員が国民に向けて語りかける特別番組が夜七時から開始されていた。第一夜の放送では近衛、有馬に続き正力が指名され、その重要性を訴えた。

これはたいへんなことになった。職業野球の立役者、正力が発したことばである。おちおちしてはいられない。龍二は理事会の招集を急いだ。

5章 日米開戦

新体制をひも解けば

農林大臣として近衛につかえ、いまでは新体制運動の中心的な存在となったセネタースの有馬。勇ましい戦争報道により大衆が高揚していくなか、新体制の準備委員として政府の中核に入り込んだ巨人軍の正力。そして商工大臣として内閣の一員になった阪急軍の小林。不思議な巡りあわせであるが職業野球団の経営者たちは、いまや日本の命運を左右する立場にいた。

国の方向性を定める新体制準備委員会のほうは、いまだ議論の途中であるとはいえ、三人の球団経営者が主導する国民運動である。職業野球がなにもしないわけにはいかない。重圧がのしかかった。

昭和一五年九月一二日、日本野球連盟の理事会が開催されると新体制についての協議が行われた。出席したのは、ライオン軍の責任者で連盟の理事長もかねていた鈴木龍二を中心に、巨人軍の野口務やイーグルスの河野安通志といった各球団を代表する理事たちである。

そもそも新体制とは何か？　なにせ議論をするにも肝心の準備委員会ですら要綱はまだ出来ていない。巷では新体制ということばだけがひとり歩きして、誰もその正確な意味を理解していないから理事会の出席者たちもはたと困った。

伝わってくるのは米英中心から日本人本位へという近衛の考え方である。それを自分たちのことばに置きかえてみるとどうなるだろうか。龍二は新体制について、「従来の洋風思想や文化を排除し、日本式の文物を再認識して、国体を明確にし、すべてを天皇に帰一するという、いわば日本主義的な考え方ですべてを固めようという運動」ではないかと解釈した。だとすれば連盟発足時に定めた綱領も、それにあわせて手直ししなければなるまい。

三項目からなる綱領のうち、一番目の項目は日中戦争がはじまった際に、時局にあわせて、「我が連盟は国民精神の振興及び国民体位の向上に協力してもって野球報国の実を挙げんことを期す」と改正していたが、さらなるテコ入れが必要である。米国発祥の競技であることを打ち消す意味でも、ここは「日本野球の確立」という文言を入れて強調するのがいいだろう。

二番目の項目に目を移せば、「フェアプレー」はなんともまずい。あたかも西洋からの受け売りのように感じてしまう。日本流に「濶達敢闘協同団結の理念」に変更しよう。三番目の項目にあげた「世界選手権の獲得」は大リーグへの挑戦を目標としている。米国をお手本にするような表現は削除せざるを得ない。あれやこれやと理事たちが考えた末、ようやく綱領の修正が決まった。

お題目だけでなく、やはりここは目に見えるかたちで具体的な行動として示すべきだろう。軸になる綱領が決まってくると、こんどは職業野球としてなにをすべきかという運用方法について議論が移っていった。

世間では新体制ということばが流行りはじめると、国民あげての運動だと日常生活に実践が強いられるようになった。奇妙なことに幸せな結婚も新体制だといいはじめたから始末が悪い。お見合いの写真は大きいものから八つ切り版へと小さく、結納は簡単に、そして披露宴はお茶会程度で花婿は国民服に儀礼章をつければ立派なものだと宣伝している。近衛は自発的な国民運動と

一、我が連盟は野球の真精神を発揮しもって
国民精神の健全なる発達に協力せんことを期す
一、我が連盟はフェアプレーの精神を遵守し模範的試合の挙行を期す
一、我が連盟は日本野球の健全且つ飛躍的発達を期しもって
世界選手権の獲得を期す

一、我が連盟は日本精神に即する日本野球の確立を期す
一、我が連盟は野球の真髄たる濶達敢闘協同団結の理念を
昂揚普及せんことを期す
一、我が連盟は模範的野球試合を挙行しもって
最健全慰楽を供せんことを期す

日本野球連盟の綱領　修正前（右）と修正後（左）

いっていたが、やらねば協力的でないと白い目で見られるから人々はいつのまにか従わざるを得ない。度を越して葬式もだといい出すから、おちおち死んでもいられなくなる。

七月七日からは奢侈品等製造販売制限規則が施行されており、街では節約への意識が高まっていた。規制された製造販売禁止の品目は、絹レース地とその製品、指輪、ネクタイピンやダイヤモンド、ルビーなどの宝石である。ほかにも販売禁止価格の限度が定められると夏物の背広は一〇〇円まで、時計は五〇円、靴三五円、下駄七円になった。料理も一人当たり夕食五円以上は禁止とされた。東京の銀座通りでは、「ぜいたくは敵だ！」、「日本人なら、ぜいたくは出来ない筈だ！」といった立て看板が登場するようになっていた。婦人団体による街頭の見回りも出現して、贅沢な格好の人を見つけると反省を促す有様である。

こうした流れを取り込むように、新体制運動でも私的な利益から国民が一丸となった公益へ、服装は頭のてっぺんから足のつま先まで贅沢品を細かく制限しようという動きになってきた。

これまでに連盟では皮革製品、毛織物などの準戦時品を極力節約するとして、グラブ、ボールやユニフォームといった用具の節約の申し合わせをしていたからいまさらでもない。しかし、いままでと同じというわけにもいかない。やはり服装にも制限を設けることにしよう。

特に選手たちのふるまいは何かと注目される。グラウンドでの身なりはもとより、球場へ通う際の服装も含めて気をつける必要がある。そこで華麗な服装を廃止して国民服などに改めることにしたのだった。

ここまでの議論は社会の動きにあわせたものであるが、本題はやはり野球そのものをどうかえ

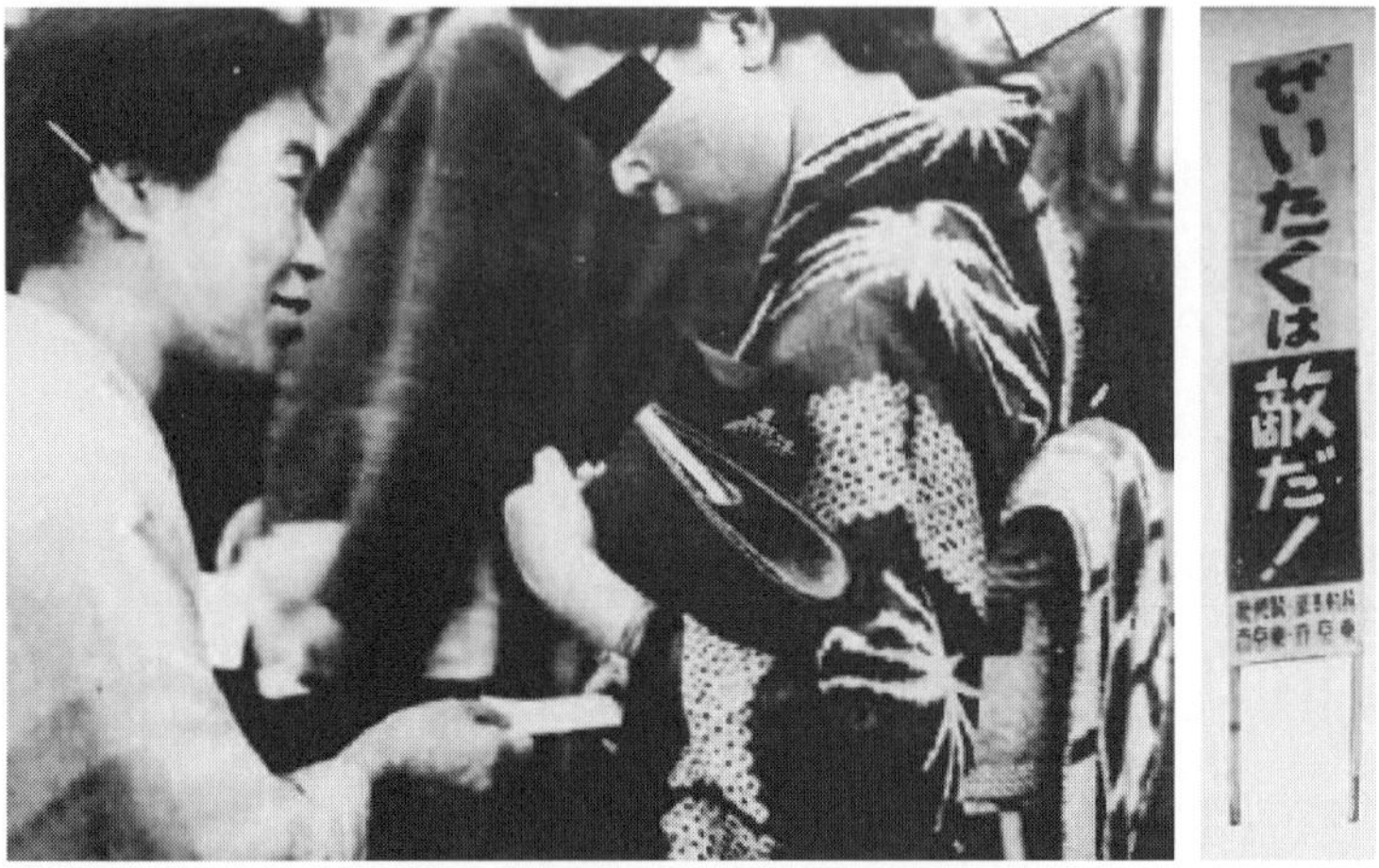

街頭に登場した看板と婦人団体

写真週報129号　昭和15年8月14日（国立公文書館／アジア歴史資料センター　所蔵）

新体制で服装も細かく制限

写真週報132号　昭和15年9月4日（国立公文書館／アジア歴史資料センター　所蔵）

ていくかである。理事会は翌日に持ち越された。

日本野球の精神

新体制の実践にあたっては、綱領に定めた「日本精神に即する日本野球」をどう試合に結びつけていくかが重要といえるだろう。理事会は大きな山場を迎えた。この難問に対して、名古屋軍理事の赤嶺昌志は、敢闘精神によって徹底的に勝負をつけることだと唱えた。巨人軍理事の野口も愚戦だの駄戦、凡戦などが新聞の見出しになるようではいけないと続けた。九回までにきっちりと決着をつけ、それでも勝負がつかないようであれば、戦い抜く精神を徹底させ再試合、再々試合を敢行すべきである。こうした議論から引き分け試合は廃止し、やむを得ない場合は再試合をすることとした。

それでも日本精神に即するという観点からするとまだ物足りないではないか。表面的な体裁だけではなく内面から日本野球を徹底する必要があるだろう。当然ながら、その精神を理解するのは日本人に限られるはずだと、白熱する理事らの議論は政府の準備委員会をも超えていった。

日本人以外といえば、これまでほんのわずかだが米国出身の選手が在籍していた。龍二のチームにはジミー・ボンナという荒れ球の黒人投手がいた。河野のイーグルスにいた捕手のバッキー・ハリスは最多本塁打や最高殊勲選手を獲得するほどの実績を残している。彼は当初、名古屋軍に所属していたが、同じく名古屋軍にいた河野が常務取締役と総監督をかねてイーグルスへ転身すると、義理堅く後を追って移籍したほどの人情派である。河野もそんな彼について、「米人でありながら日本精神の所持者である」と信頼した。とはいえ所詮、米国人である。親日外国人だからという考えはもう通用しない。これからは日本人以外の選手の採用は認めないと結論づけた。野球に国籍など関係あるのか！　ハリスは夫人の妊娠により二年ほど前に帰国していたが、もしいまでもイーグルスにいたなら、こうした決定に河野は我慢ならなかったであろう。

では米国以外の選手はどうだろうか。前年、巨人軍には比島（フィリピン）出身のアチラノ・リベラという選手がいた。わずか一年ほどの在籍ではあったが、「マニラのベーブ・ルース」といわれた彼は、四番の中島治康と並ぶ六本もの本塁打を叩き出して観客を沸かせた。

比島は日本からの距離は近いとはいえ、米国の支配下にあり西洋の影響を受けて文化は異なる。日本人の心などわかるまい。ただ同じ周辺国でも日本の影響下にあるなら別格と考えていいだろう。そこで理事会は、「大東亜共栄圏の日本依存の民族であるなら日本野球連盟は喜んでこれを抱擁する」と決めたのだった。

ならば日本人の血が流れる日系の選手はどうか。タイガースには多彩な変化球を操る若林のほかに外野手の堀尾文人が二世である。セネタースにいた回転捕球の尾茂田もハワイ・ホノルル生まれだ。彼は今年の一月に有馬に惜しまれながら出征していった。

そのほかにも日系選手は阪急軍、イーグルスといったチームにもいるから連盟内には一〇名以上は在籍するはずだ。重要な戦力となっているだけに難しい判断である。それでもここは新体制を優先して決断すべきであると、尾茂田のようにお国のために兵士になった選手は別として、米国至上の思念を有する者は拒否することにした。

人気者だったハリス（右）
野球界27巻15号　昭和12年12月1日
（国立国会図書館　所蔵）

比島出身の巨人軍リベラ
読売新聞　昭和14年5月3日
（国立国会図書館　所蔵）

厄介なのは巨人軍のスタルヒンの扱いである。彼は一家ともども、母国を逃れ日本へ亡命してきた無国籍の白系ロシア人である。小さい頃から旭川で育ったスタルヒンは、昭和九年の日米野球のときに旭川中学を中退して参加してきた。

いまや職業野球には欠かせない存在となっている。無論のこと米国とのかかわりなどどこにもない。とはいえ容貌はどう見ても日本人とはいい難い。なんといっても横文字の名前は駄目だ。ここは払拭するために日本名にするしかないだろうと乱暴な話に発展していった。

たしかに、この三月には外国人崇拝の悪風を助長するおそれがあるとの理由で内務省が芸名統制令を出し、芸能人に対して英語や奇妙な芸名の使用を禁じている。ディック・ミネは三根耕一となり、ミス・コロムビアは松原操へと改名したばかりであった。そう考えると、まんざら非現実的な案ではない。可哀そうだが球団と本人との間で相談して名前を決めてもらおう。

こうなってくると職業野球で使用する用語についても日本語化すべきとの意見が出てきてもおかしくない。現に日中戦争がはじまった頃からそうした声が聞こえていた。

話が熱を帯びてくると歯止めがきかなくなってくるから危険だ。日本人選手以外の排除にとどまらず日本語化までとは、さすがに行きすぎに見える。明治初期に野球が伝えられてから長い年月が経過してきた。試合中に使われる用語のひとつひとつは、もはや日本の野球と一体化している。この世界に長くかかわってきた河野は、いままで慣れ親しんできた用語を無理やり日本語化すれば、野球とはいえないと反対した。

これに対して赤嶺は、鎌倉時代の日本には英語も英字もなかったと歴史をひも解きながら日本

バッティングオーダー→打撃順　メンバー→出場戦士
プレイボール→仕合始め　ゲームセット→仕合終り
タイム→停止　ノータイム→始め　コールドゲーム→準仕合
トップ→一番　ラスト→九番　インフィールドフライアウト→内野飛球アウト

一、規則の日本化を実行するために、引き分け仕合を廃止し、必ず再仕合をする。また準仕合（コールド・ゲーム）の四回半の規定を六回とする。これについての細目は専門委員会において決する。
一、華麗な服装を廃止する。
一、野球用具代用委員会を設け、連盟の内外を問わず、適当の人を集めて常置機関とする。
一、制服（ユニフォーム）の文字、球団旗、標識を日本字とし、仕合中における選手、審判員、場内放送者も日本語を使用する。
一、球団の名称を日本語化する。
一、審判の判定日本語化は、専門委員会で急速に研究実施するが、プレー・ボールを「仕合始め」、タイムを「停止」、ゲームセットを「仕合終わり」とすることなどは即時実施する。
一、リーグとか、リーグ戦の文字を使わず、今秋の仕合は「日本野球連盟戦」とする。
一、日本人以外の選手の採用は、東亜民族を除き不可とする。

日本野球連盟の綱領　規約（左）と日本語化された用語（右）

の精神を語り、「みじんの妥協や遺忘は許さるべきではない」と英語を擁護する意見を突っぱねた。

彼は満洲リーグ戦の合間に行われた関東軍献金野球試合での挨拶で軍人らを前にして、「船来競技に日本精神を吹き込んで、野球の日本的新体制を確立」すべしと熱弁している。新体制への移行は、世間に対して宣伝程度にやればいいと公言する理事がいるなか、どこか赤嶺の思想と合致しているようだ。

一方で有馬のセネタース、正力の巨人軍、小林の阪急軍の理事たちは積極的に賛成することはなかっただろうが、反対することもできなかっただろう。矛盾をかかえながらも理事長を務める龍二は日本語化することを決めざるを得なかった。

では、すべて日本語にするのか。さすがにそう考えると用語をつくり出すのは容易ではない。それにストライクやボールの毎度の審判の号令まで含めれば訓練も必要で、へたをして間違えれば試合を左右しかねない。赤嶺のように妥協しない意見もあっただろうが、まずはできるところからだと、洗い出していった。

日本語化した用語は試合に影響しない程度のささやかなものである。「プレイボール」は「仕合始め」、そして「インフィールドフライアウト」は「内野飛球アウト」。中途半端だがしようがない。連盟にとっては、これほど目に見えるかたちで新体制にこたえる方法はないから充分である。

二日間にわたる理事会の議論で綱領と運用の規約についての決着がつくと、連盟は職業野球による新体制を発表した。

政府の新体制準備委員会の要綱が決まる前の公表は、いささか前のめりの感がある。選手や客らはどう感じるのだろうか。それでも球団経営者である有馬、正力、小林らにこたえていくためには、こうした判断しかない。迷走するなか日本野球連盟は大きな転換をしたのだった。

米国を挑発

日本野球連盟の決定から四日後、政府の新体制準備委員会は六回目を迎えていた。さまざまな意見が飛び交うなか、ようやく要綱の草案がまとまると最終的な確認となった。座長の有馬は、いまだ決定していないいくつかの事項については正式に会が発足してからとして、一部の出席者から意見を聴き委員会の終結を宣言したのだった。

ここまでの道のりといえば、準備委員会の回を重ねてもあいかわらず意見がまとまらず、推進する母体の名称を決めるにも「会」をつけるかどうかで議論は一〇時間近くにもおよぶ状況だった。

近衛の考えからすれば、新体制は国民運動であり、一国一党の独裁的な新党ではない。さりとて全国民が会員になる会というのもおかしなものだと侃々諤々《かんかんがくがく》である。結局のところ名称は、「大政翼賛会」が候補となり落ち着いた。基盤が整うと、いよいよ実践段階に入る。

委員会が終了したその日、有馬は新体制運動に専念するために貴族院議員を辞した。まさに背水の陣である。当然ながら辞職を思いとどまるよう近衛はいった。しかし有馬にとっては革新が達せられなければ政治の世界に戻るまいと自らに誓ってのことである。もうこれまでの弱い自分ではない。

有馬の覚悟が伝わったかのように、新しくなった閣僚たちも本格的に活動を開始した。商工大臣の小林は特派使節として蘭印（オランダ領東インド）へ向かった。渡航の目的は石油の供給量を増大させるための交渉である。日本は石油の八割前後を米国からの輸入に頼っている。もし蘭印にあるパレンバン油田を増産すれば日本の需要をまかなうことができる。米英依存からの脱却が急がれるだけに大事な話しあいとなる。

小林はここ数年の世界動向の悪化は外交家が無能だからだと嘆いていた。実業界から見れば政治家も官僚もだらしがない。もし米国が動き出して世界規模の戦争に発展してしまったときに、はたして日本は覚悟できるのか。資源を求めて南進を断行するならば、その前にいまの戦争を片づけることが必要なはずである。蘭印を支配しているオランダは警戒して米英との間で話しあいをしているに違いない。どうやら協議は難航しそうだ。

小林の懸念をいっそう深刻にさせたのは、外務大臣である松岡の主導によりすすめられた日独伊の三国同盟調印の報せだった。欧州で破竹の勢いにあるドイツと手を結べば米国への牽制になる。あわせてドイツとソビエトの間には不可侵協定があるから四カ国による強固な枠組みを築ける。

反面、ドイツとの接近は米国を刺激して関係悪化に拍車をかける危うさも秘めている。その影響だろう、やはり蘭印との交渉は暗礁に乗りあげた。国と国との交渉は合理性だけでは動かない。

それはあまりに複雑で民間会社を成長させてきたやり方とは違う。思わず小林は、「英雄にもなれなければ外交官たるの資格はないような気がする」と弱音を吐いた。

準備委員会に参加していた正力も政治家顔負けに精力的に動いた。早速、ドイツ総統のヒトラーとイタリア首相ムッソリーニへ三国同盟成立の祝電を発し、歓迎の姿勢を見せた。そしてイタリアと文化交流する「イタリアの友の会」の顧問に就任するといった具合である。

一方、米国の通信社に対しても取材に応じて存在感を示した。それは米国による屑鉄の対日輸出禁止発表に対する日本の立場を述べたものだった。正力は日本の国力を誤認しているとして、ドイツ、イタリアとの同盟は米国の反日に対する回答であるとした。そして強烈なひと言を放った。

アメリカがこれ以上、反日的態度に出るならば
日本国民はこれをもってアメリカの対日宣戦布告と見なさざるを得ない

宣戦布告という刺激的なことばを使った正力の声明は米国各紙で、「日本新聞界の大立物輸出禁止を敵性行為とよぶ」といった大見出しで報じられた。反響は大きく全米各地の放送局でも取りあげられ、ラジオで正力による声明の全文が紹介されたのだった。

独伊への接近に比して、米国への声明は明らかに威嚇である。もはや新聞社の社長の領域を超える発言ともいえる。危険を察知した米国は警戒を強めた。

「是以上の措置は宣戰布告に等し」
正力本社社長・米に警告

【ニューヨークにて不破特派員七日發】アメリカにおいてＡＰ、ＵＰと並び稱せられる第一流の通信社ＩＮＳ（インタナショナル・ニュース・サーヴイス社）の要請に應じ、七日本社社長正力松太郎氏は大東亞新秩序の建設に邁進する日本の態度、就中日米關係における日本の立場を闡明し、アメリカの[illegible]を促す聲明書を送つたが、ＩＮＳ通信社は即日アメリカ各地にある同系新聞の全部に次の如き説明を付して配付した

「日本の大新聞、讀賣新聞の社長にして[illegible]的地位を占める正力松太郎氏は、日本は太平洋におけるこれ以上のアメリカの示威的行動並びに對日禁輸をなせばこれを以て宣戰布告に等しい措置と見做すであらう、との警告を[illegible]により本社に寄せて來た、同氏は右聲明において、アメリカが極東における日本の新秩序建設を承認することこそ恒久平和の基礎を[illegible]所以であると力説してゐる、なほ同氏の主張はアメリカに對する日本の眞の意向を[illegible]に[illegible]されたものとのインタナショナル・ニュース・サーヴイス社の説明を附してなされた回答である」【寫眞は正力本社社長】

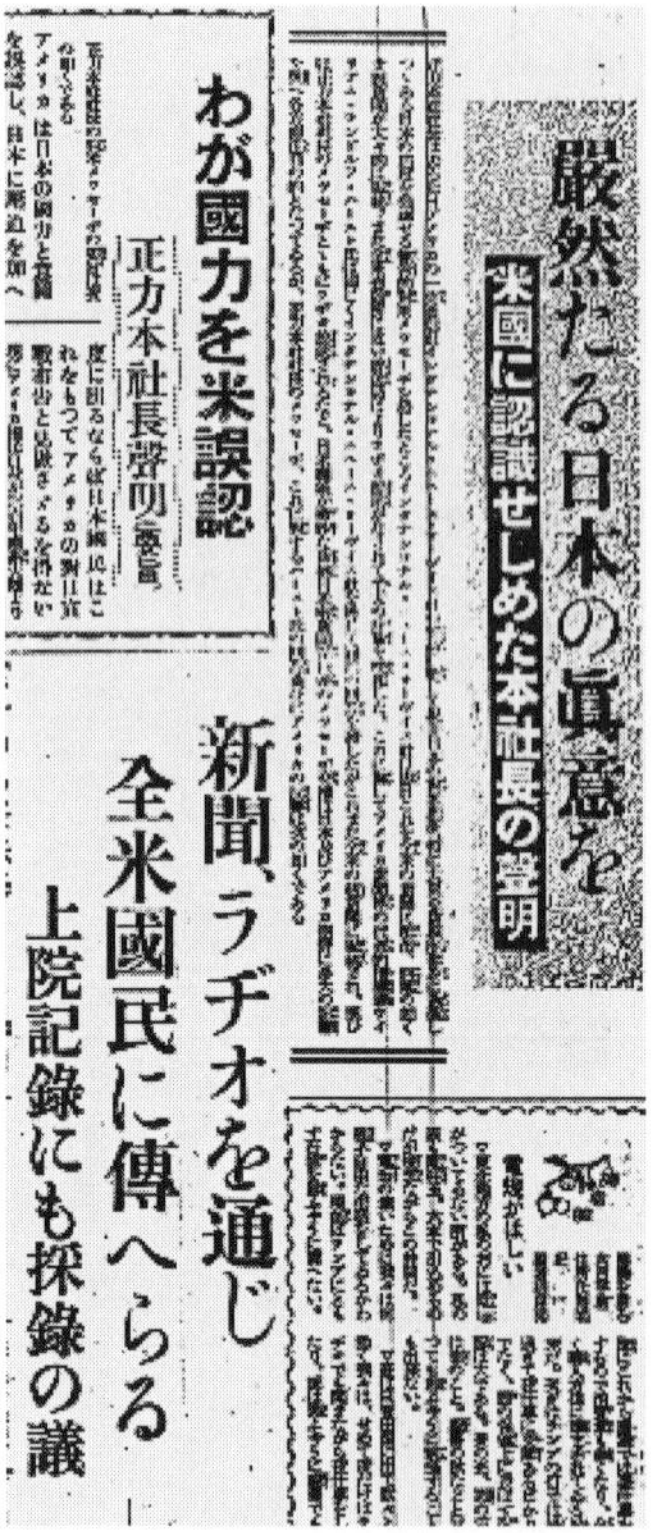

嚴然たる日本の眞意を
米國に認識せしめた本社長の聲明

わが國力を米誤認
正力本社社長聲明

新聞、ラヂオを通じ全米國民に傳へらる
上院記錄にも採錄の議

米国に向けて警告を発する正力（右）　読売新聞　昭和15年10月9日
正力の声明は全米に伝えられた（左）　読売新聞　昭和15年10月13日
（国立国会図書館　所蔵）

空虚な宣言

三国同盟の調印と同じ日、閣議では新体制を推進する機関として大政翼賛会の設置を決定した。総裁には内閣総理大臣である近衛が就任した。そして実務的な責任者ともいえる事務総長と総務局長は有馬が兼任することになった。そのほかの役員としては小林が顧問となり、発言力が増してきた正力は総務を担うという体制である。発足会は近衛の誕生日にあわせて一〇月一二日となった。近衛の意気込みが伝わる。あとは船出の日を待つだけである。

式の前日、有馬は法務大臣と昼食をとったその足で後楽園球場へ向かった。一カ月ぶりとなるセネタースの試合だった。やはり野球はいい。

この日の試合は南海軍との対戦である。有馬が席に着いたときには、すでに八回の攻防に入っていた。二郎は二日前のライオン軍との試合で完投していたから、この日の先発は三月に入ってきたばかりの三富恒雄だった。南海軍のほうも明治大学から入団した清水秀雄で、二人の新人左腕による力投で両軍〇点が並んでいた。九回になっても〇対〇のままである。二郎が代打として登場したが膠着状態はかわらず、延長一二回になっても決着することはなかった。

時間の関係でこれ以上の延長は難しいと判断すると、早速、先日決めたばかりの「規則の日本化を実行するために、引き分け試合を廃止し、必ず再試合をする」とした規約が適用された。偶然ではあるが、まさに有馬を目の前にして、新体制による規約第一号の再試合となった。

すっかり気分転換した有馬は、夜になると近衛を訪ねて、式で読みあげる綱領の宣言文の最終

三国同盟成立
陸軍大臣の東條（手前左）と
外務大臣の松岡（右3番目）

写真週報137号　昭和15年10月9日
（国立公文書館／アジア歴史資料
センター　所蔵）

腰砕けとなった近衛の宣言

写真週報139号　昭和15年10月23日
（国立公文書館／アジア歴史資料センター　所蔵）

確認にとりかかった。ところが、あれやこれやと思案する近衛は原稿が真っ赤になるほど筆を加えてしまい午前二時になっても決められない。結局、「面倒だからやめよう」となってしまったから有馬もお手あげである。政治家、官僚、軍人、実業家などからあらゆる意見を聞き、最後はどうしたらよいかわからなくなり、肝心なところでこらえることができない。悪いクセだ。

朝を迎えて有馬は慌てた。なにも話さないわけにはいかない。有馬は内閣書記官長の富田健治に事態の解決を促したが、式までもう時間がない。驚いた富田は、「会を延ばすわけにはいかないかしら」と平然としている近衛に呆れながらも意向を聞き、急いで宣言文を作成したのだった。

遅れてはじまった発会式には閣僚ら約一〇〇名が出席していた。冒頭に開会宣言や大政翼賛会の事務総長の有馬からの経過報告を終えると近衛が挨拶に立った。

しかし、近衛の口から出たことばは、「本運動の綱領は大政翼賛の臣道実践ということに尽きる……これ以外綱領も宣言もなしといいえる」という、誰しもが予想しないものだった。

綱領も宣言もなしとはどういうことだ⁉　これまでの新体制準備委員会の議論はいったいなんだったのだろう。のっけから投げ出しともいえる声明に出席者は唖然とした。

新体制に希望を寄せていた国民にいったいどう説明したらよいのか。わずか二〇分ほどで終ってしまった式のあと、新聞記者に囲まれた有馬は説明に四苦八苦するばかりだった。

吹き出した不満

この日の日本野球連盟の理事会は新体制運動について最終的な決議を行う。それにあわせて、つい四日ほど前に始動したばかりの大政翼賛会の事務総長の有馬と総務という重要な役職に就いた正力が、理事、監督、選手ら全員を集めて訓示をする予定になっていた。大物二人がわざわざ連盟にやってくる。理事会としての成果が求められそうだ。

前回までの理事会で綱領と規約は決定している。すべてを日本語化しなかった用語を補完するように、新たに選手を戦士に、監督を教士へと変更してみせた。

あとはチーム名である。それぞれの球団の事情もあるから適宜改称する手はずになっていたので最後の確認である。球団から出された案は、タイガースは親会社の電鉄名をとって阪神軍とし、イーグルスは和訳で黒鷲軍とした。

有馬のセネタースは東京翼軍になった。チーム名は華々しく懸賞金一〇〇円をかけて一般から募集したものである。関心は相当なもので応募数は一万三四〇〇以上にものぼった。公募で選ばれた男性は命名の理由について、「よき名をつけんものと頭を捻りながらふと乗った市電のなかで、ぶらさがっていた大政翼賛会の宣伝ビラが目についた」と語った。まぎれもなく翼軍は大政翼賛会の象徴といえた。

はたしてライオンは英語なのだろうか⁉　困ったのが龍二のライオン軍である。もしチーム名として使えなくなるとすれば小林商店とのスポンサー契約がおじゃんになってしまう。そうなれば選手たちへ給料も払えなくなるから、球団の存続にかかわる大問題である。

ライオンは、どんな田舎へ行っても、また無学な人でも誰しもが知っていることばである。マッチやラジオが使われるのならライオンもいいのではないかといった意見もあり話が収束しない。

球団の責任者としては見逃してほしいところであるが、龍二は理事会を取り仕切る立場である。ここで例外をつくれば秩序は守れなくなる。仕方なく小林商店との残された契約期間の終了を待って名称を変更することにしたのだった。

理事会でおおよそのことがまとまると、いよいよ主役による訓示の時間となった。有馬としては新体制のいっそうの取組みを伝える好機であるが、すべての球団の理事から監督、選手までの約二五〇名を前にはたと困った。なにせ挨拶をしようにも近衛は綱領も宣言もなしとしていたから芯になるものがない。頑張れと激励するので精いっぱいである。

新体制といっても格段難しく考えることはない、一億国民が一心となることがそれであり、職業野球は日本国民の元気をつける不可欠のものとなることを望むものである

どんな話になるかと待っていた選手たちは拍子抜けとなった。直前に有馬は自宅に選手たちを招いて園遊会を催したが、その際にもほぼ同様で中身がなかった。理事長の龍二にすら、「真の大衆の健全娯楽であることを忘れずに、元気でいい試合をやってもらいたい」くらいにしか聞こえないから心に響くわけもない。

続いて登場した正力も同じようなものである。ただその分、訴え方は米国への声明文のように力強かった。さらに出席者に対して覚悟を試すかのように締めくくったから会場は騒然となった。

新体制とは何かというと、全日本の国民全部が臣民の分をつくして臣道をまっとうするにある……新体制下の野球は選手の各々が全生命を打込み、全能力を発揮して日本精神に相應しい〝美技、快技〟を念願としなければならぬことは勿論である……新体制にそぐわぬ行為が不幸もしあった場合には、選手諸君自らその罪をあがなわねばならぬのである

いうことを聞かなければ罰して統制する。新聞社の社長とはいえ元をただせば警察官僚である。正力の本性が見え隠れする。

一方、監督や選手たちは困惑した。罪をあがなうとはなにを意味するのだろうか。よくわからない規制ばかりで罰則まであるというのか。高圧的な姿勢に出席者は疑問をいだかざるを得ない。

事実、しばらくして雑誌の座談会で嚙みついた者がいた。巨人軍の藤本監督をはじめ各チームの監督、主要選手が出席するなかで、ある人物が、「わしには新体制ということがよくわからぬ。結局、新体制の定義としては天皇陛下に対して臣民性を実践するということを正力社長がいわれましたが、臣民性というのが私には判然わからない」と発言したのである。

あまりにも辛辣な言動のせいか、「一言一句といえども影響するところ甚だ大なるものがあることを考慮」して、名前を伏せてアルファベットで表記するほどであった。

こうした歯に衣着せぬ物いいはライオン軍を辞めて名古屋軍の監督になっていた小西あたりであろうか。この男はすぐにカッとなることから周囲から火の玉小僧とよばれていた。審判への不

職業野球の新体制を訴える有馬

冬の大リーグ　昭和16年1月5日
（山際康之　所蔵）

健全なる慰樂
職業野球存在の意義
有馬頼寧

有馬頼寧伯

選手を前に新体制を説く有馬（上）と正力（下）

読売新聞　昭和15年10月17日（国立国会図書館　所蔵）

当な抗議に対して罰金一〇円が課せられることを承知のうえで、いつもポケットに金を入れて試合に臨んでいたから油断もスキもない。

波紋が広がると野球雑誌では続々と批判記事が発表された。昭和九年の日米野球でベーブ・ルースを来日させるなどして日米間の窓口の役割をはたしてきた鈴木惣太郎はこのとき、巨人軍から外れていたが、それまでは理事会にも出席していた、いわば身内といえる。その彼が雑誌『野球界』のなかで、「規則の日本化を実行するというのは、どういふ意味か明瞭でないが、まことに不可解の話である。……それはもはや野球競技ではなく、他の異った競技となってしまう」と懸念した。

関西で発行されている雑誌『ベースボールニウス』では、「新体制の真意を解さず、用語を日本式の呼称にかえたのみで涼しい顔でおさまっている……新体制だから、こうしなければならないという気持ちが少しもない」といささか呆れぎみである。

正力のお膝元である読売新聞社発行の雑誌『冬の大リーグ』でも、「監督を教士と呼び、戦士、秘書などという苦しまぎれの名称が飛び出すにいたっては行き過ぎも甚だしい。表面的にしゃにむに世に媚びているようでむしろお笑い草である」と手厳しい。

否定的な意見が続出するなか巨人軍の沢村はすこし様子が違った。彼は、「聖戦に参加してきた自分は新しい気持ちで再び野球道に励もうと考えていた矢先、この新体制の発表は我が意を得たとさえ思っている」とし、「去る一〇月一六日に正力読売新聞社社長ならびに有馬連盟相談役の新体制に処する我々野球選手の行くべき道を指示されいまさらながら任務の重大なることを感じた次第です……我々選手はおのおの全生命を打ち込み、全能力を発揮して日本精神にふさわしいプレーを行わなければならないと思っています」と述べたのだった。

人の死を目前にしてきた沢村にとって、もう戦場はこりごりであったろう。新体制によって戦争が終結してくれるのであれば、それでいい。けなげにも沢村は、有馬、そして彼をこの世界に導いた正力のことばを信じた。

退場していく人々

ヒトラー率いるドイツはオランダ、ベルギー、フランスを次々に占領下に置き、その勢力は欧州全体へとおよぼうとしていた。これなら米国も日本には手を出すまい。国内での大政翼賛会の発足とあいまって外交では強い味方となる同盟国の出現に期待も大きい。東京では、大政翼賛・三国結盟国民大会が開催され、講演した有馬も聴衆者に向けて展望を説いた。

ヒトラー熱は連鎖しグラウンドでも奇妙な光景を目にするようになっていた。なんと赤嶺の指示により名古屋軍は、ユニフォームの胸の「名」のマークを赤字にしてナチスの鉤十字に似せて登場したのである。一国一党の体制で国がひとつとなっているドイツの姿と大政翼賛会を重ねあわせたのだろう。連盟で決めたわけではなくあくまでも赤嶺の自主的な行動である。これにはさすがの小西もことばが出ない。

滑稽ともいえるユニフォームに巨人軍理事の野口は、「ナチスの逆卍を真似た」とあざ笑ったが人のことはいえない。驚くことに巨人軍もスタルヒンの名前を須田博へと改名してしまったのである。

苦しまぎれともいえる苗字は、当初、スタルヒンという発音から、「須田」と「須多」の二案が考え出され、名前は「廣」も候補としてあがった。「須田廣」はスタルヒンが敬慕する日露戦争の軍神である廣瀬武夫の一字と、須田町にあった廣瀬の銅像にあやかろうとしたものである。

いや待て。皇室や神社の尊厳を汚すおそれのあるものはご法度である。芸能人に対して英語や奇妙な芸名の使用を禁じた芸名統制令では、藤原鎌足をもじった俳優の藤原釜足が槍玉にあげられて国民的尊厳を軽視しているとの理由で改名させられている。ここでケチでもつけられたらたまったものではないと、「廣」はやめて「博」にしたのだった。

名前は自分そのもので改名は自己の否定ともいえる。スタルヒンは公に語ろうとはしなかったが、はたしてなにを思ったであろうか。

ほかにも消滅した名前があった。それはライオン軍である。胸に縫いつけられていたＬＩＯＮの文字が外されて無地のユニフォームになってしまった。選手たちは唖然とした。いったい俺たちはどこのチームの所属なんだ。龍二は、「野球そのものがかわるわけではない」とうそぶいたものの、選手にとっては大ごとである。

連盟の決定を聞いた小林商店の平野は悔しさでいっぱいだった。平野にとってライオン軍は単なる広告、宣伝のための契約相手ではない。いまでは監督や選手たちが平野の自宅へ訪れるほどの信頼関係でチームの一員となっていた。

若い選手たちは練習を終えるとユニフォームやスパイクを庭先で脱ぎ捨て、平野の妻くめが大

鉤十字になったマーク
冬の大リーグ　昭和16年1月5日
（山際康之　所蔵）

LIONの文字が消えた無地のユニフォーム
冬の大リーグ　昭和16年1月5日
（山際康之　所蔵）

鍋でゆでたうどんを食べるのがなによりの楽しみだった。食後は子どもたちと一緒になって野球の話に花を咲かせ、そのまま泊まっていくこともしばしばである。一一歳で親元を離れて小林商店へ入店して苦労してきた平野のことばには温かさがあったのだろう。誰に対しても丁寧に接する姿勢から、いつのまにか敬意をもって平野先生とよばれるようになっていた。

その平野がチームと別れるときがやってきた。年が明けた昭和一六年一月一七日、小林商店との契約が終了するとライオン軍は朝日軍と改称し、三年半続いたチームに終止符を打った。

だが、創業者の小林富次郎の時代から培ってきた魂はそう簡単にかえられるものではない。野球を愛し、誇りある仕事をしてきた意地がある。平野はどんな圧力があろうともライオンという商品名を日本語に変更するつもりなど毛頭なかった。それどころかチーム名として使用できなくなったのなら、歯磨愛用者を職業野球に招待してきた販売促進活動を自前で継続してみせるとひそかに決意したのだった。

新体制でなにもかもがおかしくなってしまった職業野球だったが、大政翼賛会にも異変があった。熱望されて発足したはずの翼賛会は、一月からはじまった議会で激しい非難にさらされていた。

各政党は解党して大政翼賛会へ加わったものの要職を与えられたのはごく一部にすぎない。勢いづく会を尻目に冷遇された旧政党の政治家は不満を募らせていた。しかも財界からは、翼賛会は赤だの赤色分子が入り込んでいるなどといわれはじめた。

その火元のひとつは、関西財界人による懇談会で商工大臣の小林一三が発した役人に赤がいるというひとことであった。小林は企画院から出された経済新体制案が我慢ならなかった。利益を追求する自由主義経済より、国家への奉仕が求められる公共経済への転換がうたわれていたからである。小林は内閣の一員であると同時に財界の代表者という自負もあったのだろう。

反大政翼賛会の声が次第に大きくなってくると、反対勢力は事務局を縮小するとした改組や、総務の要職を議員に入れかえるといった要求を近衛に提示するまでにいたった。

特に有馬に対する風当たりは相当なものだった。華族出身の貴族院議員たちの妬みも加わり、「有馬は赤い」という噂が浸透していった。それでも彼は翼賛会を軌道に乗せようと献身的に取組んだ。

ところが近衛にはこうした非難がこたえたようで、またもや熱意を失い、周囲の声に引きずられるように改組を決めると有馬と局長以下全職員に辞表を提出するよう求めた。

貴族院議員を辞職してまで大政翼賛会にすべてを注いだというのに！　無念しかない。だがここで身を引かなければ内閣が総崩れになるかもしれない。有馬は涙を流し承知するしかなかった。

衝撃は続いた。有馬が辞任した一週間後、こんどは商工大臣の小林が辞任してしまったのである。機密とされていた経済新体制に関する閣議の文章を財界人に配布して意見を求めたことが議会で問題視され、攻撃の矛先が向けられるようになったのだった。大臣からすれば信頼する専門家の意見を聞くのは当然のように思えるが、責任を問われた背景には彼の主張する自由主義経済論への批判があった。

そのうえすこし前に次官であった岸と衝突し、彼を辞めさせたことも影響しているようだ。かって満洲帝国の官僚として軍とともに経済を統制する立場にあった岸だから、自由主義の大臣とはもともと相容れないものがあった。岸の首を切ったことで親軍派の政治家の標的になってしまった。こうして小林を責め立てる声が強まってくると辞めざるを得なくなった。

彼は辞任するなり、雑誌『中央公論』に「大臣落第記」を発表して政治の世界を皮肉ってみせたがあとの祭りである。結局のところ民間の理屈だけを主張する小林に共感する者は少なく、これといった成果もなく政治の世界を去っていった。

わずか半年余りの間にすすめられた職業野球の新体制への移行は、監督、選手たちを不安に陥れて現場を大きく混乱させた。そして有馬と小林が政治の舞台から退場していったあとに残されたものは、日本語化や引き分け試合廃止といった歪んだ制度だけであった。

戦争への道

昭和一六年六月二二日、ドイツ軍が突如、ソビエト領内に侵攻して戦争状態に入ったと報せが飛び込んできた。松岡外相とスターリンにより日ソ中立条約を調印したばかりの日本は、三国同盟とソビエトを加えた四カ国で米国の圧力に対抗しようと構想していたが、それはもろくも崩れた。日本にとっては、どう動くか重要な局面である。

ドイツによる欧州への進撃により、英仏蘭の東南アジアの植民地は半ば空白状態に陥っていた。ここは北方を注視しつつも独ソ戦へは介入せずに戦況を見守ることが得策であると判断すると、軍は南方進出への足がかりとして南部仏印（フランス領インドシナ）への進駐を開始した。その先には米国領比島や英国領マレー、シンガポールがある。米英との戦争を想定すれば重要な軍事基地になり得る要所であった。南方には天然ゴム、錫、亜鉛などの資源が豊富だから軍が欲していたものが手に入る。どうやら小林の蘭印との交渉の行きづまりが南部仏印への進攻を導いてしまったようだ。外交家の無能さを嘆いていた小林だったが、いつのまにか彼自身の交渉が負の連鎖を招く結果となった。

このままでは日本の思いどおりで、米国領の比島まで脅威にさらされるだろうと、米国が強い不快感を示したのはいうまでもない。屑鉄や銅、ニッケルなどの重要物資の輸出禁止に加えて、在米日本資産の凍結措置で対抗してきた。いずれ石油の輸出制限にも踏み切るに違いない。もはや日米の関係は修復不可能なところまで来た。

日本在留の米国人には領事館から帰国勧告が行われた。職業野球選手も例外ではない。二重国籍である日系二世たちに選択がせまられると、阪神軍の堀尾文人、黒鷲軍の亀田忠ら四名は米国への帰国を決めた。彼らは職業野球について、「見違えるほどの成長を遂げ、これから先も一層よくなるだろう、これを私達は期待している」ということばを残し、横浜港からハワイに向けて出航していった。

いまこそ首相である近衛の手腕が問われるところである。ところが政策の柱を担う大政翼賛会は、有馬ら改革を目指した役員が去ると組織は官僚的になりみるみる弱体化していった。そこへもってきて内閣を揺さぶったのは、三国同盟や日ソ中立条約締結の立役者だった松岡の存在である。

近衛は民間ですすめてきた日米交渉を軌道に乗せようとしたのだが、ドイツ、イタリアに傾いている松岡は強気である。このままでは米国との関係を改善していくことは難しいと考えた近衛は、松岡を外務大臣から外すために内閣の改造を試みた。そして戦争回避の最後の手段としてルーズベルト大統領との会談を望んだが時すでに遅しであった。

手づまりになった近衛は、踏みこたえることができなくなると、またしても退陣してしまったのである。あとを継いだのは陸軍大臣を務めた東條英機による内閣だった。

世間の空気が張りつめていくなか、政治の世界を退いた有馬といえば、本を読み、ラジオを聞き、昼寝をするといった日々になった。もう周囲の目を気にしてこそこそと球場へ行く必要はない。思う存分、野球を楽しむことができる。

伯爵が目にしたグラウンドでは首位を走る巨人軍の須田博が肋膜炎を患い欠場していた。体調が芳しくないだけでなく、病気を深刻なものと思いつめて精神的に参っているのだという。改名して間もないだけに心の負担は増していた。

一方、有馬のチームは三位に躍進していた。中心にいる野口二郎は投げるだけではなく打っても四番打者として注目を浴びていた。もうひとつ加えるなら、中等学校から職業野球の世界へ入ってきた彼は法政大学の夜間へ通うようになっていた。真面目な二郎は試合があっても東京にいるときはできるだけ授業へ出席するようにしていたから感心するばかりである。

その二郎が所属する翼軍は華々しく改称したもののすぐに資金が底をついてしまい、名古屋新聞社が経営する金鯱軍と合併して大洋軍になっていた。もともとセネタースは西武鉄道と有馬の

帰国する日系選手たち

読売新聞　昭和16年6月15日（国立国会図書館　所蔵）

須田博になったスタルヒン（左）と沢村（中央）

ベースボールニウス421号　昭和16年6月22日（山際康之　所蔵）

合作ともいえるチームだっただけに、ほかの球団のようにしっかりとした親会社の資本があるわけではない。

有馬にもすでに金はなかった。大政翼賛会を設立したときの資金の一部は、有馬が住む家だけを残して土地などの財産を処分してまかなったものである。その後も翼賛会が赤だという噂のため財界からの資金が滞り、銀行も貸し渋るようになった。有馬は私財だけではなく借金までしてささえていた。昔から夜間学校やセネタースを立ちあげたときも、なんとかなるだろうという軽い気持ちで金を出してきた。いかにも世間知らずの華族のふるまいである。だが議員を辞めて収入のあてもなく、もはや球団をささえる余力などなかった。

伯爵は厳しい暮らしを強いられたものの、国民のひとりになってみるとさまざまなことが見えてきた。日中戦争は四年も続き、たくさんの命を失ってきた。盧溝橋での戦闘を知ったときには、これほど長期化するとは想像しなかった。当時、内閣の一員としてなにもできなかったことを後悔するばかりだった。これ以上、欧米の列強を敵にまわすことは危険である。にもかかわらず米国との戦争は避けられないように見える。はたして東條内閣は大丈夫なのか。そう案じたところで、もうどうすることもできなかった。

有馬の心配を裏付けるように、軍が来る戦いにそなえて再び動員をかけると若者たちは続々と兵士として狩り出されていった。職業野球選手たちにも召集令状が届き、大陸で死線をさまよってきた巨人軍の沢村も再び出征する身となった。

この年の成績は九勝五敗、防御率二・〇五であった。戦争の後遺症は大きかったようで、以前のような活躍をすることはもうできない。それでも沢村にとっては人生のなかで最も充実した毎日だった。それは兵役前からの五年越しの恋を実らせて新たな生活をはじめていたからである。にもかかわらず、新婚五カ月の沢村を待っていたのは残酷にも戦地への呼び戻しであった。正力が力説していた新体制は所詮、妄想でしかなかったのだ。

「わしゃ、運が強いから敵のタマには当たらん」

そうことばを残すと、沢村上等兵は名古屋港から比島へ向けて出港した。

昭和一六年一二月八日、日本軍はハワイ・オアフ島真珠湾にいた米国の太平洋艦隊に対して奇襲攻撃を行った。

暴戻・米英に対して宣戦布告
ハワイ沖で日米海戦

正力の読売新聞は米英に対する宣戦布告を大きく報じた。またしても人々が新聞を手にするときがやってきた。しかしそれは、とてつもない悲劇のはじまりだった。

終章　戦犯容疑

獄中日記

昭和二〇年八月一五日、ラジオから天皇陛下の声をはじめて聞いた国民は米英との戦争が終ったことを知った。長く続いた戦争により大切な家族や友人たちの命が失われた。三月にあった東京での大規模な空襲は下町一帯を襲い、犠牲者は死者八万三七九三名、負傷者四万九一八名、罹災者一〇〇万八〇〇五名にもおよぶ甚大な被害をもたらした。見渡せばB29による爆撃で街は焦土と化していた。

隅田川沿いにあった小林商店も建物が焼失した。驚くことに、物資もままならないというのにこの空襲の二週間前までライオン歯磨の広告を新聞に掲載し続けていた。無論、商品名を日本語化などしてかえてはいない。職業野球の販売促進も、戦況が厳しくなった昭和一八年の秋になっても顧客を球場へ招待するなどして継続してきた。どんな状況になってもやはり平野の信念はかわることはなかった。

それにしても生きるための力はたくましい。焼け跡はいつのまにか闇市へとかわると人々は何かを求めて集まってくるようになった。不思議なことに終戦からまだ三カ月ほどしか経っておらず食べる物にも困っているはずなに、職業野球も東西対抗試合が開催されると多くの観客がつめかけた。

開催のきっかけは名古屋軍監督だった小西得郎の発案である。火の玉小僧とあだ名された彼が新橋で闇屋をはじめると鈴木龍二ら球団の理事が集まるようになり、そこでの会話のなかから生まれたものであった。実現にあたっては名古屋軍理事の赤嶺昌志が奔走した。

赤嶺は、戦前の理事会では国粋主義ともいえる発言をしていたが、実のところ頭のなかでは職業野球が生き延びていくための策をめぐらせていた。その根底には自分の手で獲得してきた選手たちを救いたいという気持ちがあったからであろう。赤嶺は日中戦争がはじまってしばらくすると、選手たちを大学生として在籍させて徴兵を回避させていた。各球団もこれにならった。それは政府の重要な役割を担っていた有馬や正力、小林の顔色をうかがい、さらには軍からの圧力が加わるなかで連盟の理事たちがひそかに行った抵抗だった。

有馬は職業野球の復活を知りさぞや喜んだに違いない。しかし、西宮球場での東西対抗試合の第四戦とちょうど同じ日、有馬ら五九名に戦争犯罪容疑者として逮捕令が新聞に発表された。連合国軍最高司令官ダグラス・マッカーサーは神奈川県厚木の飛行場に降り立つと、すぐに戦争犯罪人を裁くための準備に取りかかった。戦争の責任を追及するだけではなく、日本が敗戦国であることをいち早く日本人に理解させる狙いがあったことは想像に難くない。東條など主だった人物が次々と逮捕されていった。

有馬は覚悟していたものの、いざ新聞の号外で自分の名前が出るとやはり複雑であった。東京拘置所を改修して戦犯収容所になった巣鴨プリズンへの出頭は頼義が送り届けた。戦地へ見送った息子はソビエトと満洲の国境にあった陣地から無事に帰還し、こんどは父を手助けする番になっていた。

風呂敷包みひとつ持って有馬が入所すると、すぐに身元確認などの簡単な尋問と検査が行われた。担当する米国兵を通訳したのは白系ロシア人のようで、スタルヒンを知っているかと尋ねてきた。新体制運動で改名したあの須田博のことである。何かの因縁だ。

プリズン内には軍人や政治家など過去の主役たちがいた。そのなかに交じって正力の顔もあった。戦争報道により軍の意向を伝え、そして国民を煽ってきた。しかも米国に対して、「宣戦布告と見なさざるを得ない」と挑発的な声明を出しただけに責任を追及されてもおかしくない。

気になったのは近衛がいなかったことである。だがすぐにその原因がわかった。近衛が自殺したという報せが入ってきたのだった。裁判になれば重い刑を科せられ助かる見込みがないと悲観したのだろう。友人の死に悲しみが走った。

刑務所の一日は規則正しい。朝六時に起床すると、七時朝食、一二時昼食、五時夕食、そして一〇時に消灯の毎日である。追い立てられるように過ごしていくなかで、ほっとするひとときは入浴であった。とはいえ集団による風呂だから、行儀の悪さで不快になることもある。浴槽のなかに平気で手ぬぐいを入れて、他人の迷惑などおかまいなしに身体や頭を洗う者もいる。周囲は閉口するばかりである。その人物こそ新聞という文化的事業に従事した男だと伝わってきたから、正力に違いない。人に対して無頓着で自分の思いどおりにふるまう様は、獄中でもかわっていないようだ。

もうひとつの楽しみといえば食べることである。有馬は食事のすこし前に廊下から運搬車を引く音が聞こえてくると急に生き返ったような気持ちになった。それ以外の気晴らしといえば、家族からの差し入れや獄中仲間から借りるなどした書物を読むことだった。野球好きの有馬は復刊

梨本元帥宮を始め
五十九名逮捕令
平沼、廣田氏、畑元帥等

各界の有力代表

洩れた近衛、米内氏
戦争犯罪追及に重要性

戦犯容疑者となった有馬（上）と正力（下）

読売報知新聞　昭和20年12月4日（国立国会図書館　所蔵）

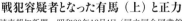

したばかりの雑誌『野球界』を手にした。

獄中での時間が経過していくと取調べが本格化してきた。有馬にも三度ほどあったが他と比べると少ないように見える。ある者は問題ないからだといい、また別の者は罪がはっきりとしているからだという。はたしてどちらなのだろうか。

有馬は自らの行いに対する主張、そして反省と弁護について日記をとおして繰り返し自問した。中国との戦争勃発時には内閣の一員だった。その後は国民運動の大政翼賛会に力を注いだ。米国からすれば戦争の方向性を決定したドイツのナチスと同様に位置づけているかもしれない。だとすれば総裁の近衛がいなくなったいま、事務総長だった自分にすべての責任がまわってくる。近衛の構想を懸命に実行しただけだというのに。

しかし、どういい訳したところで、その後の国の運命を大きくかえてしまったのは事実である。現に日中戦争は拡大の一途をたどっていった。大政翼賛会は既成政党が解党する結果を招き、政党政治が消滅すると軍が主導していく体制になった。

職業野球においても同じことがいえる。新体制運動による延長戦廃止や日本語化への要綱の改正は、米国との戦争がはじまると陸軍報道部による検閲の指針となってしまった。担当した大尉は、「戦う以上、勝つか負けるかしかない。あくまで勝負がつくまでやるべきだ」と、引き分け再試合を認めず、野口二郎はなんとひとりで延長二八回まで投げるはめとなったのである。

そのうえ日本語化が徹底されると、審判の号令の「ストライク」は「ヨシ一本」となり、「アウト」は「引ケ」になった。これが有馬の目指した新体制の結末である。

善かれと思った方策は知らぬまに軍が戦争を遂行するための装置になっていた。有馬は戦争とのかかわりについて、「積極的な責任はないが、これを防止しなかったという消極的責任はある」と後悔したものの、その代償は計り知れない。

マニラの軍事裁判では死刑を宣告されている者がいるらしい。もし裁判の被告として起訴されればおしまいである。自分も死刑になるかもしれない。とても平静な気持ちではいられなかった。

有馬の心の揺らぎは体調に現れ、持病の神経痛がぶり返した。これまであらゆる治療をしてきたもののいっこうに良くならなかった。しかもモルヒネによる治療までしていたから麻薬中毒になっていた。普段はなんともないが一度痛み出すとどうにも手がつけられなくなる。それでも昼間は医者がモルヒネとはいかないまでも薬をくれてなんとか収まるのだが、夜は看守兵をよんでもなかなか来てくれない。周囲に迷惑だと思いつつもドアを叩き症状を訴えるしかなかった。

救いは短歌である。習ったわけでもないが一日一〇首ほど詠むようになっていた。家族のこと、野球のこと。戦争犯罪容疑者が発表されたその日に亡くなった姉とは、かつて後楽園球場へ出かけたり、職業野球の話で半日過ごしたりした。そうした過去をふり返りながら歌にした。

昭和二一年四月二九日、二八名に起訴状の提出がされ被告が確定した。日米開戦時の首相である東條、首相経験者で近衛内閣では外務大臣だった広田、同じく近衛のもとで陸軍大臣を務めた板垣らである。そこに有馬の名前はなかった。一歩間違えれば向こう側にいてもおかしくはない。発表があるまで気が気でなかっただけに安堵するばかりであった。

心に余裕が出てくると外の世界が気になってくる。職業野球は八チームで再開したという声が聞こえてきた。リーグ戦は南海軍から電車の車輪を意味する横文字へと改称したグレートリングの調子がいい。牽引するのは監督と選手をかねる鶴岡だった。一年だけ在籍して兵役となった彼だが、復員するや球団からの再開の呼び出しにリュックサックひとつで駆けつけチームを再建したのであった。巨人軍も負けてはいない。軍服を脱いだ川上が復帰してくると首位争いを演じた。

そして有馬のチームにいた野口兄弟もグラウンドへ戻ってきた。兄の明は、沢村と同じく大別山の戦闘に参加して帰還したのち、再び召集されると九州で終戦を迎えた。いち早く東西対抗試合にも出場している。弟の二郎も無事に復員してきた。彼は大学生として在籍していたため、人より徴兵時期が遅く難を逃れることができたのだった。これからは兄と同じチームだ。

グラウンドでは戦争のうっぷんを晴らすように選手たちが躍動した。娯楽に飢えていた庶民は球場へ足を運び、ひとつひとつのプレーに熱狂して声援を送った。やはり野球をささえるのは軍や政治ではなく選手、そしてファンの力である。

職業野球の復興の陰で選手たちの戦死の報せも伝わってくるようになった。巨人軍の沢村栄治もそのひとりだった。正力は、先の先まで面倒を見るといっていたが、約束は守られることなく彼は出征前に巨人軍を解雇されていた。失意のなか三度目となる召集により帰らぬ人となった。速球を投げ込んだ若き投手を弔うために、生まれ故郷の宇治山田では告別式がしめやかに行われ、後楽園球場でも遥拝式が営まれた。

有馬が出所したのは、それから一カ月ほど経った暑い夏の日のことだった。

有馬は獄中で歌を残した。

野球界を手にとり思うその頃の　姉上のことセネタースのこと

家族のこと、野球に夢中になった日々、伯爵、政治家としての使命、そして戦争への後悔。過ぎてしまった時間を元に戻すことはできない。伯爵は寂しく巣鴨プリズンをあとにした。

おわりに

日米開戦を導く役割を演じたプロ野球チームのオーナーたちの戦後は、三人三様の道となった。

小林一三は終戦すぐの幣原喜重郎内閣で戦災復興院総裁に指名された。アメリカを中心とした連合国の占領下で彼の目指す自由主義の考え方がさぞや発揮されるだろうと期待が高まったが、戦争責任が問われた近衛内閣の一員であったことから公職追放となり、早々に総裁を辞任した。

追放が解除されたのは、それから五年後のことである。東宝の社長に復帰すると映画を通じて人々に活力を与えた。鉄道から娯楽産業へと活躍の場を移した小林は、宝塚音楽学校長も務め宝塚歌劇では多くのファンを魅了していった。プロ野球団は阪急ブレーブスとなり、小林の死後、日本シリーズ三連覇を達成したが、日本一をかけて戦った相手こそ正力松太郎の読売ジャイアンツである。

その正力が戦争犯罪容疑者として収監された巣鴨プリズンから出たのは、有馬が釈放されてから一年後の昭和二二年のことである。戦争にかかわった彼もまた獄中で公職追放となっていた。出所しても追放の身のため読売新聞社には足を踏み入れることができない。そんな正力に声をかけたのは日本野球連盟だった。初代コミッショナーとして迎えられると、プロ野球二リーグ制の構想を掲げて実現に邁進していった。

昭和二六年、小林が自由の身となったのと同じ日、正力も公職追放が解除された。本格的に活動を再開すると、日本テレビを立ちあげて新しいメディアの開拓を試みた。その目論見は見事に当たり、お茶の間にテレビが普及していくとプロ野球の人気もうなぎのぼりとなった。そして読売新聞社への復権を遂げた正力は、政治の世界にも進出して原子力の平和利用政策の基礎を築くなどした。新しい領域へと挑戦する一方で、権力に執着する姿は戦前とかわりない。

華族制度が廃止されて一般人となった有馬頼寧の人生は、表舞台に返り咲いたほかの二人とは対照的である。巣鴨プリズンから釈放された有馬を待ち受けていたのは、またしても金の問題であった。セネタースや大政翼賛会などを運営するために借りた金の返済に加えて、日本を統治する連合国からの指示により戦時利得の没収を目的として制定された財産税の支払いに追い込まれた。途方に暮れた有馬は、代々受け継がれてきた土地を手放すなどして金を工面するしかなかった。

このとき資金繰りに奔走したのが息子の頼義だった。その彼は職を転々としながら文筆活動を続けると才能が評価され、小説『終身未決囚』で直木賞を受賞した。野球好きの頼義は、『四万人の目撃者』といった推理作品も手がけた。また沢村栄治をモデルにした『肩の悲劇』では戦争の悲劇を訴えるなど、注目の作品を発表していった。

一方、父の頼寧の暮らしは一変した。世間知らずの元伯爵に、いまさら自活して商売をするなどできるはずもない。思いついたのは自宅の庭に花を育てて売ることである。自らを「花売爺」と名乗り近所に売り歩く日々となった。

そんな有馬のもとに、農林大臣の河野一郎から行政監督をする日本中央競馬会の理事長職への要請があった。思わぬ話に戸惑いつつも生活の行き詰まりを感じていた彼はすぐに承諾をした。

昭和三〇年、理事長に就任した有馬は早速、臨時特例法による競馬場の改装や日本短波放送による実況中継などに取組んだ。さらにプロ野球のオールスター戦のようにファンに出走馬を選ばせる「中山グランプリ競争」を発案して開催させたのだった。

プロ野球のオーナー時代の知恵を活かせば、もっと人々に関心を持ってもらえるはずだと構想をめぐらせた矢先のことである。有馬は病に倒れ帰らぬ人となった。わずか二年足らずの在任期間であったが最後の輝きを見せた。

日本中央競馬会は有馬の功績を偲《しの》んで、「中山グランプリ」を「有馬記念」と改称し、そのレースは、いまも多くの人々に親しまれている。

戦後、有馬、正力、小林が政治的な立場で深く交わることはなかったが、唯一の接点はやはり野球の世界である。いずれも日本野球の発展に貢献したことが讃えられ、野球殿堂入りをはたしている。しかし、こうした功績の影で、多くの若者が戦地に送り込まれた社会をつくり出してしまった事実を拭うことはできない。

三人のブロンズ製胸像が掲額されている野球殿堂博物館のそばに鎮魂の碑が建立されている。そこには戦争の犠牲になったプロ野球選手たちの名前が刻まれていることを忘れてはならない。

山際康之

引用・参考文献

1章　内閣誕生

有馬頼寧／尚友倶楽部・伊藤隆 編『有馬頼寧日記 3』（山川出版社）二〇〇〇年
維新史料編纂会 編『現代華族譜要』（日本史籍協会）一九二九年
有馬頼寧『七十年の回想』（創元社）一九五三年
千田稔『華族総覧』（講談社）二〇〇九年　講談社現代新書
山本一生『恋と伯爵と大正デモクラシー』（日本経済新聞出版社）二〇〇七年
有馬頼義『母その悲しみの生涯』（文藝春秋）一九六七年
白面人『働き盛りの男』（やまと新聞出版部）一九二五年
国民新聞政治部 編『明日を待つ彼』（千倉書房）一九三一年
山浦貫一『政局を繞る人々』（四海書房）一九二六年
弟山清行「大名の子庶民の友」『人物往来6巻3号』（人物往来社）一九五七年
有馬頼寧 述『議政壇上の叫び』（十七日会本部）一九二八年
有馬頼寧・稲田昌植『農民離村の研究』（巌松堂書店）一九二二年
酒井三郎『昭和研究会』（中央公論社）一九九二年　中公文庫
有馬頼寧『小作問題対話』（日本教育者協会）一九二三年
永松浅造『近衛内閣・閣僚の全貌』（森田書房）一九三七年
小田部雄次『華族』（中央公論新社）二〇〇六年　中公新書
有馬頼寧『政界道中記』（日本出版協同）一九五一年
岡義武『近衛文麿』（岩波書店）一九九四年　岩波新書
有馬頼寧／尚友倶楽部・伊藤隆 編『有馬頼寧日記 1』（山川出版社）一九九七年
『日米野球交流史』（ベースボール・マガジン社）二〇〇四年
読売新聞100年史編集委員会 編『読売新聞百年史』（読売新聞社）一九七六年

鈴木惣太郎『不滅の大投手　沢村栄治』（恒文社）一九八二年
沢村賢二『日本一沢村投手の悲劇』ベースボール・マガジン11巻10号（ベースボール・マガジン社）一九五六年
野口務『巨人軍物語』（スポーツ世界社）一九四九年
鈴木惣太郎『日本プロ野球外史』（ベースボール・マガジン社）一九七六年
報知新聞社『プロ野球二十五年』（報知新聞社）一九六一年
松木謙治郎・奥井成一『大阪タイガース球団史』（ベースボール・マガジン社）一九九二年
関三穂 編『プロ野球史再発掘 7』（ベースボール・マガジン社）一九八七年
天草平八郎『正力松太郎と小林一三』（森田書房）一九三五年
読売新聞社 編『正力松太郎』（読売新聞社）一九七一年
御手洗辰雄『正力松太郎』（講談社）一九五五年
「歴史読本」編集部 編『皇室百年事件録』（新人物往来社）二〇一二年　新人物文庫
河原敏明『天皇裕仁の昭和史』（文藝春秋）一九八六年　文春文庫
正力松太郎『私の悲願』（オリオン社）一九六五年
読売新聞社社史編纂室 編『読売新聞八十年史』（読売新聞社）一九五五年
愚鱈生『読売新聞社長正力松太郎氏新聞経営の苦心を語る』（精華書房）一九三七年
小林一三『小林一三日記（三）』（阪急電鉄）一九九一年
小林一三『逸翁自叙伝』（講談社）二〇一六年　講談社学術文庫
小林一三『職業野球団の創設』改造17巻1号（改造社）一九三五年
阪急学園池田文庫 制／編『小林一三記念館 公式ブックレット』（逸翁美術館）二〇一一年
阪急ブレーブス・阪急電鉄株式会社 編『阪急ブレーブス五十年史』（阪急ブレーブス）一九八七年
大和球士『改定新版　野球百年』（時事通信社）一九七六年
吉村昭『関東大震災』（文藝春秋）一九七七年　文春文庫
佐藤光房『もうひとつのプロ野球』（朝日新聞社）一九八六年
小林一三『小林一三日記（一）』（阪急電鉄）一九九一年
小林一三『事変はどう片づくか』（実業之日本社）一九三九年

京阪神急行電鉄株式会社『京阪神急行電鉄五十年史』（京阪神急行電鉄）一九五九年
『新聞総覧　昭和10年』（日本電報通信社）一九三五年
中日新聞社社史編さん室『中日新聞創業百年史』（中日新聞社）一九八七年
明治大学商学研究所 編『明大商学論叢第51巻　第1・2号』（明治大学商学研究所）一九六七年
『ベースボールニウス143号』（ベースボールニウス社）一九三五年
『野球界25巻12号』（野球界社）一九三五年
『ベースボールニウス132号』（ベースボールニウス社）一九三五年
「歴史読本」編集部 編『華族』（KADOKAWA）二〇一五年　新人物文庫
鈴木龍二『プロ野球と共に五十年 上』（恒文社）一九八四年
有馬頼寧・大和球士「連載対談　セネタース事始め」『ベースボール・マガジン10巻8号』（ベースボール・マガジン社）一九五五年
日本野球連盟 編『都市対抗野球大会60年史』（日本野球連盟・毎日新聞社）一九九〇年
朝日新聞社 編著／日本高等学校野球連盟 監修『全国高等学校野球選手権大会100回史』（朝日新聞出版）二〇一九年
尾久野二三夫「生まれるか生まれないのか難産気味の職業団」『ベースボールニウス142号』（ベースボールニウス社）一九三五年
『ベースボールニウス140号』（ベースボールニウス社）一九三五年
千田稔『明治・大正・昭和華族事件録』（新潮社）二〇〇五年　新潮文庫
水町慶一郎「職業野球団の台頭と選手引き抜きの裏面を覗く」『ベースボールニウス147号』（ベースボールニウス社）一九三六年
景山文蔵「阪急入りの宮武君と語る」『野球界26巻5号』（野球界社）一九三六年
『野球界25巻14号』（野球界社）一九三五年
小島六郎「職業野球団への関心」『野球界26巻1号』（野球界社）一九三六年
『野球界26巻2号』（野球界社）一九三六年
谷津住男「職業野球団の底流」『野球界26巻4号』（野球界社）一九三六年
慶應義塾野球部史編集委員会 編『慶應義塾野球部史』（慶應義塾体育会野球部）一九六〇年

『東京六大学野球80年史』(ベースボール・マガジン社)二〇〇五年
野球殿堂博物館 編『野球殿堂2018』(ベースボール・マガジン社)二〇一八年
近藤唯之『プロ野球監督列伝 上』(現代企画室)一九七七年
『日米野球交流史』(ベースボール・マガジン社)二〇〇四年
出野哲也『メジャー・リーグ球団史』(言視舎)二〇一八年
『日本職業野球連盟公報第1号』(日本職業野球連盟事務局)一九三六年
飛田八郎「上井草漫話」『野球界27巻1号』(野球界社)一九三七年
杉並区立郷土博物館 編『平成15年度特別展「上井草球場の軌跡」展示図録』(杉並区立郷土博物館)二〇〇四年
杉並区立郷土博物館 編『平成16年度区民とつくる企画展「上井草球場」』(杉並区立郷土博物館)二〇〇四年
『日本職業野球連盟公報第5号』(日本職業野球連盟事務局)一九三六年
『日本野球連盟ニュース第12号』(日本職業野球連盟事務局)一九三七年
『野球界23巻3号別冊付録』(野球界社)一九三三年
苅田久徳『天才内野手の誕生』(ベースボール・マガジン社)一九九〇年
駿台倶楽部明治大学野球部史編集委員会 編『明治大学野球部史 第一巻』(駿台倶楽部)一九七四年
毎日新聞社 編『選抜高等学校野球大会50年史』(毎日新聞社・日本高等学校野球連盟)一九七八年
ホームラン編集部 編『歴代春夏甲子園メンバー表100年大全集』(廣済堂出版)二〇一九年
『野球界26巻9号』(野球界社)一九三六年
野口二郎『私の昭和激動の日々』(ベースボール・マガジン社)一九九〇年
丸ノ内書編集部 編『プロ野球選手自叙傳集』(丸ノ内書房)一九四九年
『野球界27巻12号』(野球界社)一九三七年
鈴木龍二・小西得郎・苅田久徳・大和球士ほか『プロ野球25年 あの頃、この頃』ベースボール・マガジン4巻8号(ベースボール・マガジン社)一九六一年

2章　日中戦争

防衛庁防衛研修所戦史室『戦史叢書 支那事変陸軍作戦1』（朝雲新聞社）一九七五年
臼井勝美『新版 日中戦争』（中央公論新社）二〇〇〇年　中公新書
風見章『近衛内閣』（中央公論社）一九八二年　中公文庫
川田稔『昭和陸軍全史 2』（講談社）二〇一四年　講談社現代新書
太平洋戦争研究会 編／森山康平『日中戦争の全貌』（河出書房新社）二〇〇七年　河出文庫
NHK取材班 編『日本人はなぜ戦争へと向かったのか　下』（NHK出版）二〇一一年
正力松太郎「話題の人」『話5巻13号』（文藝春秋社）一九三七年
菊池信平 編『昭和十二年の「週刊文春」』（文藝春秋）二〇〇七年　文春新書
大宅壮一 編／正力松太郎『悪戦苦闘』（早川書房）一九五二年
『日本野球連盟ニュース第17号』（日本職業野球連盟事務局）一九三七年
大和球士『プロ野球三国志 第五巻』（ベースボール・マガジン社）一九七五年
読売新聞大阪社会部 編『戦争 9』（読売新聞社）一九八〇年
坪内道則『風雪の中の野球半世記』（ベースボール・マガジン社）一九八七年
小西得郎『したいざんまい』（実業之日本社）一九五七年
飛田忠順 編『早稲田大学野球部五十年史』（早稲田大学野球部）一九五〇年
飛田穂洲『名選手の面影』（恒文社）一九四六年
飛田穂洲『熱球三十年』（中央公論新社）一九七六年　中公文庫
印刷学会出版部 編『印刷雑誌 20巻8号』（印刷学会出版部）一九三七年
共同印刷株式会社社史編纂委員会 編『共同印刷百年史』（共同印刷）一九九七年
山際康之『広告を着た野球選手』（河出書房新社）二〇一五年
ライオン株式会社 編『三代小林富次郎翁を偲ぶ』（ライオン）一九九三年
ライオン株式会社社史編纂委員会 編『ライオン100年史』（ライオン）一九九二年
広瀬謙三『日本野球十二年史』（日本体育週報社）一九四八年

ライオン歯磨株式会社社史編纂委員会 編『ライオン歯磨八十年史』（ライオン歯磨）一九七三年
ライオン歯磨株式会社『歯磨人 ライオン歯磨物故者懐旧誌』（ライオン歯磨）一九七七年
戸田達雄『私の過去帖』（佐々木孝）一九七二年
日本デザイン小史編集同人 編『日本デザイン小史』（ダヴィッド社）一九七〇年
中井幸一『日本広告表現技術史』（玄光社）一九九一年
大手拓次『藍色の蟇』（アルス）一九三六年
庄野義信 編『六大学野球全集』（アテネ書房）一九七七年・一九三一年発行の復刻刊行
水原茂『私の歩んだ野球生活』（全国書房）一九六二年
藤本定義『藤本定義の実録プロ野球四十年史』（恒文社）一九七七年
『日本野球連盟ニュース第20号』（日本職業野球連盟事務局）一九三七年
『スポーツ日本417号』（スポーツ日本社）一九四一年
『野球界27巻8号』（野球界社）一九三七年
一ノ瀬俊也『皇軍兵士の日常生活』（講談社）二〇〇九年　講談社現代新書
太平洋戦争研究会『日本陸軍がよくわかる事典』（PHP研究所）二〇〇二年　PHP文庫
戸井昌造『戦争案内』（平凡社）一九九九年　平凡社ライブラリー
松木謙治郎『阪神タイガース松木一等兵の沖縄捕虜記』（現代書館）二〇一二年
内堀保『ニック・ネームはジャイアンツ』（誠文堂新光社）一九八六年
『日本野球連盟ニュース第14号』（日本職業野球連盟事務局）一九三七年
『アサヒ・スポーツ15巻28号』（朝日新聞社）一九三七年
蓮本生「明大新主将中尾君の塑像」『野球界24巻6号』（野球界社）一九三四年
藤井猪勢治「噫・中尾君の戦死」『野球界28巻1号』（野球界社）一九三八年
中尾長『野球の魅力』ベースボール4巻8号（ベースボール社）一九三三年
鈴木惣太郎『プロ野球今だから話そう』（ベースボール・マガジン社）一九五八年
赤城九穂「澤村不振の秋淋し」『野球界28巻3号』（野球界社）一九三八年
『日本野球連盟ニュース第23号』（日本職業野球連盟事務局）一九三八年

『野球界27巻5号』（野球界社）一九三七年
三宅大輔「沢村について」『野球読本』（高山書院）一九四七年
島秀之助『白球とともに生きて』（ベースボール・マガジン社）一九八八年

3章　兵力増強

『日本野球連盟ニュース第22号』（日本職業野球連盟事務局）一九三八年
『野球界27巻14号』（野球界社）一九三七年
『野球界27巻15号』（野球界社）一九三七年
有馬頼寧／尚友倶楽部・伊藤隆 編『有馬頼寧日記 4』（山川出版社）二〇〇一年
有馬頼寧『銃後の農村青年に愬ふ』（河出書房）一九三七年
大濱徹也『天皇の軍隊』（講談社）二〇一五年　講談社学術文庫
内閣情報局 編『写真週報4号』（内閣印刷局）一九三八年　『JACAR（アジア歴史資料センター）Ref.A06031059900,写真週報4号』（国立公文書館）
水谷羚一「新兵野口投手初見參記」『野球界28巻6号』（野球界社）一九三八年
森山康平・田藤博ほか／近現代史編纂会 編『陸軍師団総覧』（新人物往来社）二〇〇〇年
『別冊1億人の昭和史 日本陸軍史』（毎日新聞社）一九七九年
藤井非三四『帝国陸軍師団変遷史』（国書刊行会）二〇一八年
内閣情報局 編『写真週報36号』（内閣印刷局）一九三八年　『JACAR（アジア歴史資料センター）Ref.A06031063100,写真週報36号』（国立公文書館）
鶴岡一人・川上哲治・西本幸雄・稲尾和久『私の履歴書 プロ野球伝説の名将』（日本経済新聞出版社）二〇〇七年
沢村栄治・笹崎僙「帰還二勇士戦争とスポーツを語る」『オール読物10巻9号』（文藝春秋）一九四〇年
『野球界28巻15号』（野球界社）一九三八年
『野球界30巻14号』（野球界社）一九四〇年
『話5巻第13号』（文藝春秋社）一九三八年

『野球界28巻13号』（野球界社）一九三八年
鈴木惣太郎「戦線に征く野球選手」『野球界28巻12号』（野球界社）一九三八年
防衛庁防衛研修所戦史室『戦史叢書　支那事変陸軍作戦2』（朝雲新聞社）一九七六年
テレビ東京 編『証言・私の昭和史 2』（文藝春秋）一九八九年　文春文庫
新人物往来社戦史室 編『日本陸軍歩兵連隊』（新人物往来社）一九九一年
島田勝巳『歩兵第33聯隊史』（歩兵第三十三聯隊史刊行会）一九七二年
寺田近雄『日本軍隊用語集 上』（潮書房光人新社）二〇二〇年　光人社NF文庫
大崎住男「沢村投手訪問記」『野球界30巻13号』（野球界社）一九四〇年
『日本野球連盟ニュース第31号』（日本職業野球連盟事務局）一九三八年
沢村栄治「戦傷日記」『野球界29巻4号』（野球界社）一九三九年
水谷玲一「戦傷の沢村投手戦塵だより」『野球界28巻16号』（野球界社）一九三八年
大井正男「帰還の沢村投手会見記」『野球界29巻17号』（野球界社）一九三九年
内閣情報局 編『写真週報35号』（内閣印刷局）一九三八年　『JACAR（アジア歴史資料センター）Ref.A06031063000,写真週報35号』（国立公文書館）
佐々木隆『メディアと権力』（中央公論新社）二〇一三年　中公文庫
『日本野球連盟ニュース第24号』（日本職業野球連盟事務局）一九三八年
『野球界28巻8号』（野球界社）一九三八年
ライオン株式会社総務部年史センター 編『洋種ハッカに青春をかけた小林卯三郎』（ライオン株式会社）一九九三年
渡辺道子「昭和5年のデパート大増築初売りには6万人もの人出」『市政はこだてNo.588』（函館市）一九八八年
ライオン油脂株式会社社史編纂委員会 編『ライオン油脂六十年史』（ライオン油脂）一九七九年
北村恒信『戦時用語の基礎知識』（光人社）二〇〇二年　光人社NF文庫
三省堂百科辞書編集部 編『婦人家庭百科辞典 下す-わ』（筑摩書房）二〇〇五年・一九三七年刊複製　ちくま学芸文庫
小林肇『函館オーシャンを追って』（柳沢勝　長門出版社印刷部）二〇〇六年
川上貴光『父の背番号は16だった』（朝日新聞社）一九九一年
読売新聞戦争責任検証委員会『検証戦争責任 下』（中央公論新社）二〇〇九年　中公文庫

『非常時近衛内閣』（読売新聞社）発行年不明
火野葦平『麦と兵隊』（改造社）一九三八年
馬淵逸雄『報道戦線』（改造社）一九四一年
西岡香織『報道戦線から見た「日中戦争」』（芙蓉書房出版）一九九九年
内閣情報局 編『写真週報37号』（内閣印刷局）一九三八年 『JACAR（アジア歴史資料センター）Ref.A06031063200,写真週報37号』（国立公文書館）
有馬頼寧「近衛君という人」『人物往来3巻9号』（人物往来社）一九五四年
『野球界28巻6号』（野球界社）一九三八年
松尾俊治・森茂雄ほか『六大学野球部物語』（恒文社）一九七五年
鶴岡一人『鶴岡一人の栄光と血涙のプロ野球史』（恒文社）一九七七年
南海ホークス 編『南海ホークス四十年史』（南海ホークス）一九七八年
桐生タイムス社 編『山紫に 桐生高校野球史』（群馬通商）一九七八年
『野球界28巻1号』（野球界社）一九三八年

4章　新体制運動

ベースボール・マガジン社 編『野球の妙技』（ベースボール・マガジン社）一九七八年
『日本野球連盟ニュース第13号』（日本職業野球連盟事務局）一九三七年
中日ドラゴンズ 編『中日ドラゴンズ四十年史』（中日ドラゴンズ）一九七五年
竹中半平『背番号への愛着』（日本出版協同株式会社）一九五二年
『冬の大リーグ』（読売新聞社）一九四一年
『野球界28巻16号』（野球界社）一九三八年
『大東亜建設博覧会』（大阪朝日新聞社）一九三九年
『大東亜建設博覧会大観』（朝日新聞社）一九四〇年
内閣情報局 編『写真週報53号』（内閣印刷局）一九三九年 『JACAR（アジア歴史資料センター）Ref.A06031064800,写真週報

53号』（国立公文書館）
内閣情報局 編『写真週報84号』（内閣印刷局）一九三九年 『JACAR（アジア歴史資料センター）Ref.A06031067900,写真週報84号』（国立公文書館）
三省堂百科辞書編集部 編『婦人家庭百科辞典 上あ-し』（筑摩書房）二〇〇五年・一九三七年刊複製 ちくま学芸文庫
沢村賢二『日本一沢村投手の悲劇』ベースボール・マガジン11巻10号（ベースボール・マガジン社）一九五六年
『野球界28巻13号』（野球界社）一九三八年
川本三郎「一兵卒として戦地に行った殿様作家」『諸君！ 35巻6月号』（文藝春秋）二〇〇三年
内閣情報局 編『写真週報67号』（内閣印刷局）一九三九年 『JACAR（アジア歴史資料センター）Ref.A06031066200,写真週報67号』（国立公文書館）
川端康成ほか 編／有馬頼義『現代の文学 第34（有馬頼義集）』（河出書房新社）一九六四年
有馬頼義『崩壊』（富士印刷出版部）一九三七年
有馬頼寧「戰時下・新秋直言」『文藝春秋16巻18号』（文藝春秋社）一九三八年
日高得之「野球と兵隊 大別山の激戦」『スポーツ日本317号』（スポーツ日本社）一九四〇年
片岡勝「野球と兵隊 K上等兵の戦死」『スポーツ日本317号』（スポーツ日本社）一九四〇年
大井正男「沢村投手除隊」『野球界30巻11号』（野球界社）一九四〇年
楠安夫「沢村さん今こそプロ野球を見守ってほしい」『1億人の昭和史 日本プロ野球史』（毎日新聞社）一九八〇年
関三穂 編『プロ野球史再発掘 5』（ベースボール・マガジン社）一九八七年
関三穂 編『プロ野球史再発掘 2』（ベースボール・マガジン社）一九八七年
『野球界27巻5号』（野球界社）一九三七年
沢村栄治「投手板への憧憬」『野球界30巻15号』（野球界社）一九四〇年
鈴木惣太郎「鉄腕沢村投手は復活するか」『野球界30巻18号』（野球界社）一九四〇年
読売新聞戦争責任検証委員会『検証戦争責任 上』（中央公論新社）二〇〇九年 中公文庫
伊藤隆『大政翼賛会への道』（講談社）二〇一五年 講談社学術文庫
三国一朗『戦中用語集』（岩波書店）一九八五年 岩波新書
富田健治／川田稔 編『近衛文麿と日米開戦』（祥伝社）二〇一九年 祥伝社新書

内閣情報局 編『写真週報132号』（内閣印刷局）一九四〇年 『JACAR（アジア歴史資料センター）Ref.A06031072700,写真週報132号』（国立公文書館）
内閣官房総務課『新体制準備委員会写真』（内閣官房総務課）一九四〇年 資00010100 M0000000000000323669（国立公文書館）
共同通信社「近衛日記」編集委員会 編『近衛日記』（共同通信社開発局）一九六八年
内閣総理大臣官房総務課『新体制準備会記録（第一回）』（内閣総理大臣官房総務課）一九四〇年 資00001100 M0000000000001802606（国立公文書館）
内閣『新体制準備会ニ於ケル近衛内閣総理大臣声明書』（内閣）一九四〇年 纂02500100 M0000000000000293760（国立公文書館）
井上寿一『政友会と民政党』（中央公論新社）二〇一二年 中公新書
太平洋戦争研究会『「満州帝国」がよくわかる本』（PHP研究所）二〇〇四年 PHP文庫
『野球界30巻20号』（野球界社）一九四〇年
『秋の大リーグ』（読売新聞社）一九四〇年
ナターシャ・スタルヒン『ロシアから来たエース』（PHP研究所）一九九一年 PHP文庫

5章 日米開戦

野口務「新体制と日本野球連盟の使命」『野球界30巻21号』（野球界社）一九四〇年
赤嶺昌志「滿洲遠征雑記」『野球界30巻21号』（野球界社）一九四〇年
『日本野球連盟ニュース第25号』（日本職業野球連盟事務局）一九三八年
内閣情報局 編『写真週報129号』（内閣印刷局）一九四〇年 『JACAR（アジア歴史資料センター）Ref.A06031072400,写真週報129号』（国立公文書館）
内閣情報局 編『写真週報133号』（内閣印刷局）一九四〇年 『JACAR（アジア歴史資料センター）Ref.A06031072800,写真週報133号』（国立公文書館）
『相撲と野球33巻11号』（野球界社）一九四三年

赤嶺昌志「日本的野球の確立」『野球界30巻23号』（野球界社）一九四〇年
河野安通志「ハリス選手を送る」『野球界29巻1号』（野球界社）一九三九年
『野球界27巻15号』（野球界社）一九三七年
永田陽一『ベースボールの社会史』（東方出版）一九九四年
『話5巻13号』（文藝春秋）一九三七年
大石五雄『英語を禁止せよ』（ごま書房）二〇〇七年
鈴木惣太郎「日本野球建設の道程」『野球界30巻21号』（野球界社）一九四〇年
『野球界30巻23号』（野球界社）一九四〇年
内閣総理大臣官房総務課『新体制準備会第六回（最終会）会議要領』（内閣総理大臣官房総務課）一九四〇年　資00011100
M0000000000001802611（国立公文書館）
内閣総理大臣官房総務課『新体制準備会第四回会議要領筆記』（内閣総理大臣官房総務課）一九四〇年　資00011100
M0000000000001802609（国立公文書館）
『官報１９４０年09月25日４１１７号』（大蔵省印刷局）一九四〇年
太平洋戦争研究会 編／平塚敏克『図説日米開戦への道』（河出書房新社）二〇一一年
一杉栄「小林蘭印特派使節に侍して」『小林一三翁の追想』（小林一三翁追想録編纂委員会）一九六一年
内閣情報局 編『写真週報１３７号』（内閣印刷局）一九四〇年　『JACAR（アジア歴史資料センター）Ref.A06031073200,写真
週報１３７号』（国立公文書館）
翼賛運動史刊行会『翼賛国民運動史』（翼賛運動史刊行会）一九五四年
内閣情報局 編『写真週報１３９号』（内閣印刷局）一九四〇年　『JACAR（アジア歴史資料センター）Ref.A06031073400,写真
週報１３９号』（国立公文書館）
木内信男「球団命名ものがたり」『冬の大リーグ』（読売新聞社）一九四一年
鈴木龍二『プロ野球・こんなこと』（ベースボール・マガジン社）一九五六年
三宅正夫「新体制をカメラで覗く」『冬の大リーグ』（読売新聞社）一九四一年
有馬頼寧「健全なる慰楽」『冬の大リーグ』（読売新聞社）一九四一年
若林忠志「プロ生活の思ひ出 八」『ボールフレンド8号』（若林忠志）一九四八年

鈴木惣太郎「職業野球革新强化のために」『野球界30巻24号』（野球界社）一九四〇年
『ベースボール ニウス394号』（ベースボール ニウス社）一九四〇年
沢村栄治「新体制の覚悟」『冬の大リーグ』（読売新聞社）一九四一年
平野くめ「夫の思い出」『若石句集』（神谷市太郎）一九六四年
木舎幾三郎「「大臣落第記」前後」『小林一三翁の追想』（小林一三翁追想録編纂委員会）一九六一年
小林一三「大臣落第記」『中央公論56巻5月号』（中央公論社）一九四一年
小林一三『小林一三全集 第七巻』（ダイヤモンド社）一九六二年
川田稔『昭和陸軍全史 3』（講談社）二〇一五年 講談社現代新書
『ベースボール ニウス415号』（ベースボール ニウス社）一九四一年
『ベースボール ニウス421号』（ベースボール ニウス社）一九四一年
杉森久英『大政翼賛会前後』（筑摩書房）二〇〇七年 ちくま文庫

終章 戦犯容疑

早乙女勝元 編著『東京大空襲の記録』（新潮社）一九八七年 新潮文庫
広瀬謙三「東西対抗野球戦記」『野球界36巻1号』（博文館）一九四六年
関三穂 編『プロ野球史再発掘 1』（ベースボール・マガジン社）一九八七年
関三穂 編『プロ野球史再発掘 4』（ベースボール・マガジン社）一九八七年
大井廣介『物語プロ野球史』（大蔵出版）一九五四年
大井廣介『プロ野球騒動史』（ベースボール・マガジン社）一九五八年
太平洋戦争研究会 編／平塚柾緒『東京裁判の全貌』（河出書房新社）二〇〇五年 河出文庫
織田文二／茶園義男 監修『巣鴨プリズン未公開フィルム』（小学館）二〇〇〇年 小学館文庫
飛田時雄／岡村青 構成『C級戦犯がスケッチした巣鴨プリズン』（草思社）二〇一一年
有馬頼寧「獄窓に描く戦犯群像」『人物往来1巻7号』（人物往来社）一九五二年
桜洋一郎／笹川良一 述『笹川良一の見た巣鴨の表情』（文化人書房）一九四九年

『野球界36巻1号』（博文館）一九四六年
山際康之『兵隊になった沢村栄治』（筑摩書房）二〇一六年　ちくま新書
『野球界32巻12号』（野球界社）一九四二年
『相撲と野球33巻7号』（野球界社）一九四三年

おわりに

大蔵省財政史室 編『昭和財政史 第11巻』（東洋経済新報社）一九八三年
内閣『財産税法・御署名原本・昭和二十一年・法律第五二号』（内閣）一九四六年　御29522100（国立公文書館）
有馬頼寧『花売爺』（全国農業出版）一九五三年
有馬頼義『バラ園の共犯者』（平凡出版）一九五九年
有馬頼寧／有馬頼義 責任編纂『ひとりごと』（作品社）一九五七年
日本中央競馬会『日本中央競馬会50年史』（日本中央競馬会）二〇〇五年

全体（書籍）

『昭和史全記録』（毎日新聞社）一九八九年
上田正昭ほか 監修『日本人名大辞典』（講談社）二〇〇一年
芳賀登ほか 監修『日本女性人名辞典』（日本図書センター）一九九八年
秦郁彦 編『日本近現代人物履歴事典』（東京大学出版会）二〇〇二年
朝日新聞社 編『「現代日本」朝日人物事典』（朝日新聞社）一九九〇年
校友調査会『帝国大学出身人名辞典 第1巻』（日本図書センター）二〇〇三年・一九三二年発行の復刻刊行
岩波書店辞典編集部 編『岩波 世界人名大辞典』（岩波書店）二〇一三年
週刊朝日 編『値段史年表』（朝日新聞社）一九八八年
岩瀬彰『「月給百円」サラリーマン』（講談社）二〇〇六年　講談社現代新書
報知新聞社『定本プロ野球40年』（報知新聞社）一九七六年
ベースボール・マガジン社 編『プロ野球70年史』（ベースボール・マガジン社）二〇〇四年

ベースボール・マガジン社 編『日本プロ野球記録大全集』（ベースボール・マガジン社）一九八五年
日本野球機構ＩＢＭ・ＢＩＳデータ本部 編『The official baseball encyclopedia: 1936-1990』（日本野球機構）一九九一年

全体（新聞・雑誌等）
大阪朝日新聞　国民新聞　新愛知　徳島毎日新聞　東京朝日新聞　函館新聞　都新聞　読売新聞
写真週報
スポーツ日本　ベースボールニウス　ベースボール・マガジン　野球界
日本職業野球連盟公報　日本野球連盟ニュース

国立国会図書館　有馬頼寧関係文書
ライオン株式会社　小林商店関係文書（ライオンだより　ライオンニュースほか）

映像
日本野球連盟　河野安通志 指導『野球の妙技』（朝日新聞社）一九三九年
日本ニュース

資料・写真提供
国立国会図書館　国立公文書館　アジア歴史資料センター　防衛庁防衛研究所
株式会社文藝春秋資料室　ライオン株式会社社史資料室
山際康之

注記
○引用・参考文献は、最初に用いた章を示す。以降、繰り返し用いるものもある。
○写真の引用は、写真そばに所蔵先を記載している。

本書は書き下ろしです

装丁　征矢武

山際康之（やまぎわ・やすゆき）

ノンフィクション作家。東京造形大学学長・教授。学校法人桑沢学園（東京造形大学・桑沢デザイン研究所）理事長。東京都生まれ。東京大学博士（工学）取得。ソニー入社後、ウォークマン等の開発を推進し、以降、製品環境グローバルヘッドオフィス部門部長を担当する。『兵隊になった沢村栄治』（筑摩書房）などの著書があり、『広告を着た野球選手』（河出書房新社）では第26回ミズノスポーツライター賞、『八百長リーグ』（KADOKAWA）では野球文化學會賞を受賞している。

プロ野球《やきゅう》オーナーたちの日《にち》米《べい》開《かい》戦《せん》

2021年11月10日　第1刷発行

著　者　山際康之《やまぎわやすゆき》

発行者　大松芳男

発行所　株式会社 文藝春秋

〒102-8008　東京都千代田区紀尾井町3-23
電話　03-3265-1211（代表）

印刷所　理想社
付物印刷所　萩原印刷
製本所　萩原印刷

定価はカバーに表示してあります。
万一、落丁乱丁の場合は送料当社負担でお取り替え致します。
小社製作部宛お送り下さい。

ISBN978-4-16-391464-0